Mon lapin nain

Le choisir, le comprendre, le soigner

Mon lapin nain

Le choisir, le comprendre, le soigner

Docteur Christophe Bulliot

rustica éditions

Avertissement

Les informations contenues dans cet ouvrage sont exactes et conformes à l'état de la science au moment de sa publication. L'auteur et l'éditeur déclinent toute responsabilité en cas de dommages de toute nature pouvant être provoqués, de façon directe ou indirecte, par l'utilisation et la mise en œuvre des conseils qu'il contient.

Dépôt légal : janvier 2013

ISBN : 978-2-8153-0319-4

www.rustica.fr

www.fleuruseditions.com

Sommaire

CHAPITRE 1

Origine et présentation

Brève histoire du lapin

Le lapin appartient aux Nouveaux Animaux de Compagnie, ou NAC. Pourtant, son statut d'animal de compagnie n'est pas récent. L'homme a domestiqué ce petit mammifère, essentiellement pour sa viande, bien avant de l'élever pour le plaisir.

Le lapin domestique descend du lapin de garenne, dont il a largement conservé le comportement.

Les ancêtres du lapin

Les plus anciens fossiles de lapins ont été retrouvés en Espagne et datent du début du quaternaire (entre 300 et 400 000 ans avant notre ère). D'autres fossiles, plus récents, ont été mis au jour dans le nord de l'Afrique.

La domestication

• Définition

La domestication est le processus par lequel l'homme crée une nouvelle espèce, à partir d'une espèce sauvage, par le biais d'une sélection reposant essentiellement sur des critères alimentaires (viande, lait), de productions diverses (laine) ou de comportement (garde, attaque). Les caractères recherchés sont maintenus et améliorés au fil des générations par un choix de croisements entre des spécimens de qualité. L'espèce domestique ainsi obtenue est donc différente de celle d'origine, sauvage, et possède ses propres caractéristiques.

- **Le cas du lapin**

Le lapin domestique est issu du lapin de garenne. Il fut d'abord domestiqué pour la viande, puis, bien plus tard, pour la production de laine (races angoras) et pour les peaux. Il a été et est encore utilisé comme animal de laboratoire, et connaît depuis quelques décennies le sort plus heureux d'animal de compagnie.

Le saviez-vous ?

Le nom scientifique du lapin domestique est *Oryctolagus cuniculus* (genre/espèce). *Oryctolagus* provient de la combinaison de deux mots grecs et signifie « lièvre fouisseur ». *Cuniculus* est latin et veut dire à la fois « lapin » et « conduit souterrain ». Le mot « lapin » n'est devenu courant dans la langue française qu'au XVIIe siècle – l'animal était auparavant appelé « conin » ou « conil ». Selon le *Trésor de la langue française*, « lapin » et « lapereau » proviendraient du mot *lappa* (pierre plate utilisée dans la construction du terrier). L'élevage du lapin est la cuniculture (ou cuniculiculture).

La petite histoire du lapin

Les Phéniciens semblent avoir été les premiers à découvrir le lapin, en Espagne, environ un millier d'années avant notre ère. L'animal leur rappelait le daman de leur pays : ce petit mammifère, qui vit encore aujourd'hui en Afrique et au Moyen-Orient, était appelé *saphan* en phénicien. Les Phéniciens baptisèrent donc l'Espagne « Pays des damans », *I-saphan-im*, nom qui évoluera par la suite en *Hispania*, puis finalement en « Espagne ». Les Phéniciens, et après eux les Romains, répandirent le lapin dans le Bassin méditerranéen et en Europe.

Ce furent les moines qui entamèrent le processus de domestication, au Moyen Âge, en maintenant pour la première fois des lapins en captivité pour pouvoir, durant le carême, consommer des laurices – un mets à base de fœtus de lapin ou de lapereaux nouveau-nés, auparavant prisé par les Ibères puis les Romains. Ce plat n'était pas considéré comme une viande, interdite durant cette période.

Les grands explorateurs introduisirent ensuite le lapin sur tous les continents. Diverses races furent développées à partir de la Renaissance ; aujourd'hui, en France, on en compte une soixantaine officiellement reconnues par la Fédération Française de Cuniculiculture qui en précise les caractéristiques. Vous pouvez les découvrir sur le site www.ffc.asso.fr

Le standard des races

La Fédération Française de Cuniculiculture, créée en 1961, regroupe les éleveurs-sélectionneurs de lapins de race et édite les standards officiels utilisés en concours. Les 62 races reconnues ont été obtenues par croisements de races préexistantes ou sont apparues à la suite d'une mutation, dont les caractéristiques ont été maintenues par sélection.

Elles sont le plus souvent classées selon cinq catégories :

- les races naines (10), de 0,8 à 2 kg ;
- les petites races (18), de 2 à 3,5 kg ;
- les races moyennes (26), de 3 à 5,25 kg ;
- les grandes races (4), plus de 5 kg ;
- les races à fourrures caractéristiques (4), de 3 à 5,5 kg.

Zoologie et morphologie

Non, le lapin n'est pas un rongeur ! Voici un petit abrégé de zoologie, accompagné d'une présentation de la morphologie du lapin et de ses cousins, le lapin de garenne et le lièvre.

La classification zoologique

Cette classification regroupe les êtres vivants dans des ensembles selon leurs points communs. L'embranchement des vertébrés comprend cinq classes (Mammifères, Oiseaux, Reptiles, Poissons, Amphibiens), subdivisées en ordres, eux-mêmes divisés en familles, qui sont à leur tour constituées de plusieurs genres. Chaque genre comprend différentes espèces.

Le lapin est un mammifère appartenant à l'ordre des Lagomorphes, caractérisé par la présence de deux paires d'incisives à la mâchoire supérieure – les rongeurs n'en possèdent qu'une. Lagomorphes et Rongeurs sont ainsi deux ordres bien distincts. Ils n'en présentent pas moins des similitudes (pousse continue des dents, absence de canine) et c'est pourquoi ils sont regroupés, au sein de la classe des Mammifères, dans un groupe appelé superordre des Glires.

Le lapin de garenne

Originaire du sud de l'Europe, il s'est rapidement répandu sur tout le continent européen et dans le nord de l'Afrique. Son gabarit est assez petit – 40 cm de long pour un poids inférieur à 2 kg.
Il creuse des terriers en un réseau de galeries appelé « garenne ». Introduit sur d'autres continents, il s'y est parfois rendu tristement célèbre par les dégâts qu'il a causés. Ce fut le cas en Australie, où 24 lapins lâchés en 1859 par un Anglais se multiplièrent au point de se compter en millions 20 ans plus tard, au grand dam des espèces locales et des éleveurs de bétail…

L'ordre des Lagomorphes

Il comprend deux familles regroupant plus d'une cinquantaine d'espèces :
– La première famille, qui compte quinze espèces, est celle des Ochotonidés ou pikas. Également appelés lièvres siffleurs, les animaux de cette famille vivent dans les steppes et les montagnes d'Amérique du Nord et d'Asie du Nord-Est. Le pika des steppes est le plus petit des Lagomorphes (75 à 210 g).
– La seconde famille est celle des Léporidés, caractérisés par de grandes pattes postérieures, de longues oreilles et une queue courte. Elle comprend onze genres, dont celui

du lapin de garenne et du lapin domestique, et celui du lièvre.

La morphologie du lapin

• La tête et le cou

La tête est allongée, sauf chez les races naines et béliers. Les yeux, assez globuleux, sont placés de chaque côté. Des sortes de longues moustaches, appelées vibrisses, poussent derrière les narines et au-dessus des lèvres. Les lèvres supérieures dessinent une fente à leur jonction. La longueur des oreilles est caractéristique des Lagomorphes : elle varie de moins de 6 cm, pour les variétés naines, à plus de 30 cm par oreille, pour certains lapins béliers anglais.

Le cou est si court que la tête semble directement rattachée au corps. Le lapin arbore parfois un fanon, repli cutané ayant l'aspect d'un goitre, plus fréquent chez les femelles. Il est toléré dans le standard de certaines races, mais ne doit pas être trop prononcé.

• Le corps et les membres

L'arrière du corps est arrondi. Le thorax est nettement plus petit que l'abdomen, d'où une capacité respiratoire moindre que celle d'un humain et une plus grande sensibilité aux maladies respiratoires.

Les membres antérieurs sont fins et possèdent cinq doigts, les postérieurs, plus longs, sont puissants et munis de quatre doigts. Chaque doigt se termine par une griffe pointue. Le dessous des pattes est recouvert de poils et ne possède pas de coussinet, contrairement à celui des chats.

Le lièvre

Présent en Europe, en Asie et en Amérique du Nord, il est plus grand que le lapin de garenne : 50 à 60 cm de long pour un poids de 2,5 à 6 kg. Ses oreilles, plus longues, ont une extrémité noire. Le lièvre a un mode de vie solitaire. Il se distingue du lapin par un nombre différent de chromosomes (48 pour le lièvre, 44 pour le lapin), par diverses particularités de son squelette et par sa reproduction. La gestation de la hase est plus longue que celle de la lapine (41 jours contre 30 à 32 jours) et les nouveau-nés (les levreaux) naissent couverts de poils et les yeux ouverts. Le lièvre est nocturne et vit dans des nids, au milieu des herbes. En Europe, on peut rencontrer le lièvre brun (*Lepus europaeus*) et, dans les Alpes, le lièvre variable (*Lepus timidus*).

Le lièvre variable est le plus gros des Lagomorphes sauvages.

Anatomie et physiologie

Pourquoi le lapin est-il si sensible au stress et aux affections respiratoires ? Pourquoi a-t-il le dos fragile ? Ces questions trouvent leurs réponses dans les particularités anatomiques et physiologiques de ce petit mammifère.

Le squelette et les muscles

La caractéristique essentielle de l'appareil musculo-squelettique du lapin est la légèreté du squelette et l'importance de la musculature. Le squelette ne représente que 6 à 8 % de sa masse corporelle (12 à 13 % chez le chat). Les muscles, qui correspondent à près de la moitié du poids, permettent des mouvements violents, d'où une prédisposition aux lésions osseuses pouvant aller

Le squelette du lapin

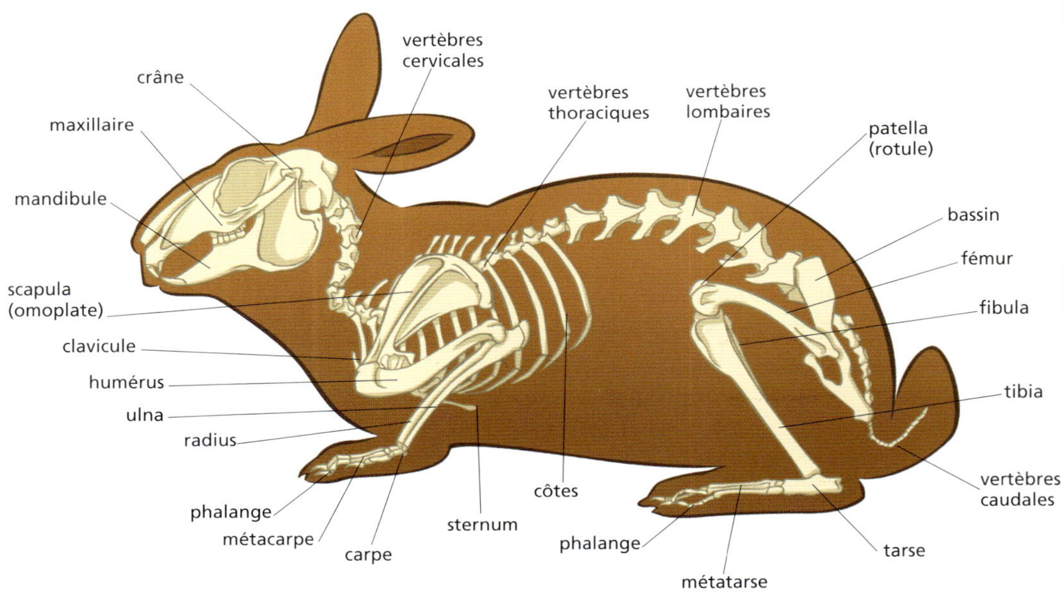

jusqu'à la fracture de la colonne vertébrale et à la paralysie du lapin.

Le cœur et l'appareil respiratoire

La fréquence cardiaque est élevée (130 à 250 battements par minute) : il faut manipuler le lapin avec douceur et ne pas oublier qu'un stress violent peut lui être fatal.

Les narines du lapin se « contractent » latéralement à raison de 20 à 150 mouvements par minute. Elles sont très sensibles et ne doivent pas être touchées. Le lapin ne peut respirer que par le nez (pas par la bouche).

Le thorax est très étroit par rapport à l'abdomen : le lapin est donc peu endurant à l'effort. Ses mouvements respiratoires sont difficiles à observer et, si l'on n'y prête pas une attention particulière, on risque de ne pas repérer les symptômes de maladies telles que la pneumonie. Le lapin au repos respire à raison de 30 à 60 mouvements respiratoires par minute.

L'appareil urinaire

Les deux reins filtrent le sang et synthétisent l'urine. Ils sont reliés chacun à la vessie par un conduit, l'uretère, où passe l'urine pour être évacuée. L'urine du lapin contient naturellement des cristaux de calcium, éliminés par voie urinaire chez cette espèce – d'où la fréquence des calculs urinaires et des cystites.

La quantité d'urine quotidienne varie de 20 à 35 ml/kg de lapin, selon son alimentation et son environnement. Sa coloration jaune à orange foncé est due à des pigments et les dépôts blanchâtres aux cristaux de calcium. L'odeur d'ammoniac est assez marquée, surtout chez les mâles.

L'appareil génital

Le mâle possède un pénis et deux testicules non recouverts de poils, situés de part et d'autre du pénis et descendant dans les bourses vers l'âge de 10 à 12 semaines.

L'appareil génital de la femelle se compose de deux ovaires attenant chacun à une corne utérine. Chacune de ces cornes utérines aboutit à un col utérin. La présence de deux cols utérins accolés est une caractéristique de cette espèce.

Les yeux

Situés sur les côtés de la tête, ils sont entourés d'une paupière supérieure, d'une paupière inférieure et d'une troisième paupière rosée, appelée membrane nictitante. Peu développée, non visible au repos, elle est située sous la paupière inférieure, dans l'angle interne.

Des yeux fragiles

Les yeux du lapin sont plutôt globuleux, sa production de larmes est assez faible et il ne cligne des paupières que toutes les 5 minutes : ces spécificités exposent le lapin à la sécheresse oculaire et aux conjonctivites. Les larmes s'écoulent dans les conduits lacrymaux (un par œil) qui cheminent dans la boîte crânienne pour déboucher près de l'entrée des narines. Sur leur trajet, ces conduits présentent deux courbures étroites, en regard des prémolaires et des incisives, d'où une prédisposition aux larmoiements par obstruction des conduits ou par leur compression lors d'abcès dentaires.

Le lapin et son environnement

Comment le lapin perçoit-il son environnement, comment se déplace-t-il ? Découvrez le fonctionnement des organes des sens de votre lapin, les caractéristiques de son pelage, la façon dont il marque son territoire et sa locomotion.

Les cinq sens

À l'état sauvage, le lapin est une proie. Ses sens sont donc adaptés au repérage des prédateurs qu'il doit voir, entendre et sentir arriver pour pouvoir fuir à temps. Ses sens les plus développés sont la vue et l'ouïe.

Le lapin a un champ de vision très large, mais il ne voit pas devant son nez et sous la ligne d'horizon.

La vue

Les yeux sont situés sur les côtés de la tête comme chez la majorité des proies : son champ de vision est ainsi très large (près de 340°), d'où une vision panoramique. Il possède une bonne vision nocturne, mais ne voit pas toutes les couleurs : il semble discerner le bleu et le vert. Les lapins albinos ont les yeux rouges car l'absence de pigments laisse apparaître les vaisseaux sanguins de la rétine.

L'ouïe

Le lapin est doté d'oreilles allongées et orientables (sauf les béliers). Elles lui servent de paraboles pour capter les sons. Un environnement bruyant est donc stressant pour lui.

L'odorat

Un épithélium sensoriel tapisse l'intérieur des narines et capte les odeurs de l'environnement.

Les oreilles représentent environ 12 % de la surface corporelle du lapin.

L'odorat du lapin est bien développé et lui permet de percevoir avec finesse ses aliments, son environnement et les autres animaux.

- **Le toucher**

Ce sens n'est pas aussi développé chez le lapin que chez l'humain, car sa peau est recouverte de fourrure. Il dispose en revanche de longs poils sensibles, en forme de « moustaches », situés au-dessus des lèvres supérieures (les vibrisses).

- **Le goût**

Le lapin est un animal gourmand : il goûte ses aliments grâce aux papilles gustatives tapissant sa

Différentes classifications

La classification la plus courante des races de lapin repose sur la taille : c'est celle que nous utiliserons. Mais il est également possible de les classer en fonction de la couleur, du pelage et du type (aspect général, taille et poids).

Pour la classification basée sur la couleur, on distingue les sujets agouti, unicolore, albinos, himalayen, argenté, panaché et multicolore.

Pour la classification en fonction du pelage, on reconnaît les races à pelage dit normal, à poils longs (Angora, Renard), à pelage de caractère satin (brillant) et les races à pelage de caractère rex (poils courts et dressés).

Concernant la classification reposant sur le type, on observe les six types suivants : svelte, cylindrique, conique, ultraconvexe, ramassé ou bréviligne, et allongé ou longiligne.

langue. Attention au tri, car s'il sélectionne ce qu'il préfère, il risque de souffrir de carences et de grossir.

Se protéger du froid et du chaud

Un nez délicat

Pour ne pas irriter son nez sensible, prenez soin de changer régulièrement sa litière, de bien rincer la caisse lors de son nettoyage pour faire disparaître les odeurs de détergents et de ne pas utiliser de litière parfumée ou naturellement très odorante (cèdre, par exemple).

Le lapin est protégé du froid par son pelage bien fourni. Comme il ne transpire pas (il ne possède pas de glandes sudoripares) et qu'il ne peut pas respirer par la gueule, il est très sensible à la chaleur : il est exposé à un coup de chaleur dès 27-30 °C. Son seul moyen de s'en protéger est de se réfugier dans un endroit frais.

Les oreilles, bien vascularisées, jouent aussi un rôle dans la thermorégulation. Quand il fait chaud, elles se redressent et les vaisseaux sanguins se dilatent, permettant ainsi l'élimination de la chaleur. Lors d'une baisse importante de la température, les vaisseaux sanguins se contractent, afin de limiter les pertes thermiques.

Le pelage du lapin mue deux fois par an, au printemps et à l'automne.

La peau et le pelage du lapin

La peau du lapin est très fragile. Le pelage, bien fourni, recouvre l'intégralité du corps du lapin, dessous des pattes compris, à l'exception de la face interne des pavillons des oreilles et, chez le mâle, des testicules.

La fourrure est constituée de deux types de poils :

– les poils de garde, ou poils de couverture, qui comprennent les poils recteurs (ou poils de jarres), dont le rôle est de soutenir et d'orienter le pelage, et les poils tecteurs, plus petits et plus nombreux, qui jouent un rôle de protection mécanique, thermique et hydrique ;

– le sous-poil, également appelé duvet, ou bourre, qui constitue la sous-couche du pelage. Ces poils courts et fins sont les plus nombreux. Ils contribuent à la protection thermique et sont plus abondants chez les jeunes.

Le marquage du territoire

Si le lapin ne possède pas de glandes sudoripares sur la peau, il

Le lapin ne marche pas, il saute ! Ses membres postérieurs, longs et puissants, propulsent tout le corps en se détendant.

est pourvu de trois types de glandes qui lui permettent de marquer son territoire par des phéromones :

– les glandes du menton ; elles lui permettent d'imprégner son environnement d'une odeur (que vous ne pourrez sentir). Il frotte pour cela son menton sur les objets, sur ses congénères ou sur les autres animaux, vous y compris. C'est grâce à cette glande que la lapine marque ses lapereaux ;

– les glandes inguinales, situées de part et d'autre du pénis ou de la vulve, produisent une sécrétion marron foncé très odorante ;

– les glandes anales permettent de déposer sur les crottes une sécrétion odorante.

Le saviez-vous ?

Lorsque le lapin court, tout son pied se pose sur le sol et les deux pattes arrière quittent le sol au même moment. Pour les déplacements plus lents, le lapin ne s'appuie que sur les doigts de ses postérieurs. C'est un animal très rapide. Son cousin, le lapin de garenne, peut courir à 40 km/h, et le lièvre à 70 km/h !

CHAPITRE 2

Bien choisir votre lapin

Choisir ou ne pas **choisir un lapin...**

Accueillir un animal de compagnie est une décision importante. Les acquisitions « coups de cœur » ne font pas que des heureux. Prenez le temps de bien considérer tous les aspects de votre choix et tous les devoirs qui vous incombent.

10 bonnes raisons d'adopter un lapin

• Il vit longtemps
L'espérance de vie est le premier point à prendre en compte. Le lapin vit en moyenne de 7 à 10 ans, mais certains atteignent une quinzaine d'années – l'une des plus grandes longévités parmi les petits mammifères de compagnie.

• Il est câlin et affectueux
Si vous souhaitez manipuler et cajoler votre futur compagnon, le lapin est un bon choix, car il aime le contact et les caresses. C'est même souvent lui qui réclamera votre attention.

• Il reconnaît son maître
Il est capable de reconnaître ses maîtres. Il vient souvent à leur rencontre et quémande des caresses ou de la nourriture.

• C'est un animal idéal pour un enfant
Sauf cas rares, le lapin n'est pas agressif. Source d'éveil pour les enfants, il les responsabilise (il faut le manipuler avec douceur, participer aux soins…). Un enfant non turbulent est capable de s'occuper de lui à partir de 8 ans.

• Il a de la personnalité
Il ne passe pas son temps à dormir et à manger ! Cette espèce a son caractère et beaucoup de personnalité. Vous serez en présence d'un compagnon réactif avec lequel vous aurez un réel échange.

• Il est propre
Avec un peu d'entraînement et d'éducation, le lapin apprend à faire ses besoins dans une caisse et peut donc vivre en liberté ou semi-liberté dans la maison.

• C'est une espèce principalement diurne
Bien qu'il soit nocturne à l'état sauvage, le lapin de compagnie s'adapte facilement au rythme biologique de son maître. Il est surtout actif le matin et le soir (on parle donc de mœurs crépusculaires).

• Il est intéressant à observer
Il est joueur, vif et curieux. C'est un plaisir de l'observer grignoter, gambader et « faire le ménage » dans sa cage.

• Il peut vivre en dehors d'une cage
Si vous ne supportez pas les animaux en cage, le lapin est fait pour vous. C'est l'un des rares petits mammifères de compagnie que vous pouvez laisser en liberté à la maison ou au jardin, à condition de respecter quelques règles.

• Vous avez le choix !
Il existe plus d'une soixantaine de races, certaines dans plusieurs coloris. Vous aurez donc l'embarras du choix : taille (de 800 g à 10 kg !), morphologie (nain ou normal), longueur et aspect du poil…

10 bonnes raisons pour ne pas adopter un lapin

• Il vit longtemps

Ce peut être un point négatif... 7 à 10 ans de joie, mais aussi de contraintes. Si le lapin est destiné à un enfant, assurez-vous qu'il ne s'agit pas d'un caprice passager.

• Il faut lui consacrer du temps

N'adoptez pas un lapin si vous n'entendez pas lui consacrer du temps : votre présence est indispensable pour son bien-être (jeux, câlins...), pour les soins, pour l'alimentation... Si vous ne pouvez le faire vivre en liberté totale, un minimum de 2 heures de liberté quotidiennes en dehors de la cage sont nécessaires.

• Le coût

Additionnez son prix d'achat, celui de la cage, puis le prix de revient de son entretien pendant 7 à 10 ans : litière, foin, granulés, aliments frais, jouets, visites chez le vétérinaire... vous serez surpris ! Les frais vétérinaires comprendront le coût des vaccinations et de la stérilisation ainsi que les visites pour maladie.

• Vos habitudes

Dès que vous vous absenterez plus de 48 heures, vous devrez soit emmener votre lapin (sans oublier l'équipement et l'alimentation), soit le confier à une personne responsable.
Par ailleurs, sachez que si vous êtes souvent absent ou si vous écoutez la musique ou la radio fort, vous créerez un climat stressant pour votre lapin, le prédisposant aux maladies.

• Les odeurs

L'odeur des urines peut être forte (notamment quand il fait chaud). Le changement régulier de la litière est donc une corvée nécessaire.

• Les autres animaux

La cohabitation avec certaines espèces est parfois problématique. Si vous possédez un autre animal, assurez-vous qu'il sera compatible avec le lapin ou que vous pourrez les isoler dans des pièces distinctes.
Nous consacrons un chapitre dans cet ouvrage à la cohabitation pour vous aider à gérer au mieux cette situation (voir pp. 53 à 55).

• Les dégâts

Des plantes rognées ou renversées, des fils électriques coupés, divers objets rongés (porte, meuble...) : un lapin ne passe pas toujours inaperçu chez vous. Pour éviter ces désagréments, il faudra respecter certaines règles et enrichir son environnement pour l'occuper et réorienter ses mauvaises habitudes.

• Le nettoyage de la cage

Le lapin est l'un des petits mammifères de compagnie les plus imposants. En effet, sa cage est grande et les quantités de litière, d'urine et d'excréments sont importantes. Il faudra changer sa cage deux fois par semaine (en moyenne) pendant 7 à 10 ans, soit environ de 700 à 1 000 changements de litière !

• Un caractère parfois difficile

Certains lapins sont de vraies terreurs : ils mordent, griffent, défendent leur territoire et ne se laissent ni caresser, ni attraper. Ajoutons à cela les ardeurs sexuelles de certains mâles... La stérilisation peut être d'une grand aide.
Un important chapitre sur le comportement vous aidera à mieux interpréter son comportement (voir pp. 42 à 49).

• Les risques d'allergie ou d'asthme

Certaines personnes ressentent une gêne respiratoire en présence d'un lapin, de sa litière ou de son foin. Si un membre de votre famille présente un terrain favorable aux allergies ou à l'asthme, faites un test quelques jours chez vous avant son adoption définitive.

Les races de lapins nains

Voici un petit guide pour vous aider à vous y retrouver parmi toutes les races de lapins nains : 10 races sont reconnues par la Fédération Française de Cuniculiculture.

L'Hermine ou Polonais

Ce lapin au poil court semble être apparu en Angleterre, ou aux Pays-Bas, à la fin du XIXe siècle. Sa fourrure, dense et fine, est de couleur blanche, d'où le nom de la race. Les yeux, légèrement globuleux, ont un iris rose pour les lapins albinos ou bleu clair.

Le Nain de couleur

Descendant en droite ligne du lapin polonais, il a été créé aux Pays-Bas (et dans d'autres pays d'Europe) dans les années 1920. Avec 1 300 éleveurs de la race, c'est le plus répandu des lapins nains en France. Sa fourrure à poil court est dense, fine et douce. Il existe de nombreuses variétés de couleur, classées en cinq catégories : agoutis, unicolores, argentés, himalayens et multicolores. La face est relativement aplatie et ronde.

Nains de couleur.

Le Nain bélier

Issu du croisement entre des Nains de couleur et des Béliers, au milieu du XXe siècle, le Nain bélier est originaire des Pays-Bas. Sa fourrure de longueur moyenne, dense et souple existe en de nombreuses variations de couleur. Son poids varie de 1 à 2 kg (poids recommandé entre 1,4 et 1,7 kg), ce qui fait de lui le plus gros des lapins nains. Sa tête, caractéristique, est bombée (on dit que le chanfrein est

Nain bélier.

busqué). Les oreilles, bien arrondies à leur extrémité, tombent verticalement sur les côtés de la tête, ouverture côté joue, et mesurent de 24 à 28 cm (distance entre les deux extrémités).

Le Nain rex

Le Nain rex est issu du croisement récent (début des années 1990) entre des Nains de couleur et des Rex. Son pelage homogène est typique du caractère rex : poils fins, courts (de 14 à 17 mm), portés dressés et donnant une sensation de velours au toucher. Le front est large.

Le Nain satin

D'origine française et européenne, le Nain satin est issu du croisement, à la fin des années 1990, de lapins nains de couleur et satins. Sa fourrure lisse et homogène est caractérisée par sa finesse et son aspect brillant et satiné. Son poids varie de 0,8 à 1,7 kg (poids recommandé de 1 à 1,5 kg).

La miniaturisation

Le nanisme et la miniaturisation des races ont été sélectionnés au fil des générations et associés à d'autres caractères par le croisement entre des lapins nains et des lapins de plus grande taille. On retrouve en miniature des races plus volumineuses. À l'exception des races béliers, le poids varie de 0,8 à 1,5 kg et les oreilles, portées dressées, mesurent moins de 6 cm. Le corps est court et trapu, et le cou semble parfois absent.

Le Nain renard

D'origine européenne et issu du croisement, à la fin des années 1990, de lapins nains et renards, il possède une fourrure blanche. Ses poils sont longs, à l'exception de ceux de la tête, des oreilles et des pattes.

Le Nain cendré écru

Obtenu en France par le croisement de Nains chinchilla et agouti brun, le Nain cendré écru possède une fourrure et un aspect général semblables à ceux du Polonais. La sous-couleur est blanche. La teinte d'ensemble est beige blanchâtre et présente un voile de nuance cannelle. Le ventre et le dessous de la queue sont blancs.

Le saviez-vous ?

Les oreilles des Béliers sont mesurées d'une extrémité d'une oreille à l'extrémité de l'autre, un peu comme on mesure l'envergure des ailes d'un oiseau.

Les lapins béliers naissent avec les oreilles dressées : elles ne tombent que vers l'âge de 1 à 3 mois.

Nain angora.

Le Nain angora

Originaire de France et d'autres pays européens, il est issu du croisement de Nains de couleur, ou de Polonais, et d'Angoras. Ses poils sont longs (plus de 7 cm) sauf sur les joues, le front, le museau et les oreilles. L'extrémité des oreilles est ornée d'une houppe de poils. Une frange, appelée mèche céphalique, pousse en avant des oreilles et retombe sur le front. Le bord inférieur des joues arbore une élégante touffe de poils, comme des favoris. Il existe dans de nombreuses couleurs. Sa tête est forte.

Les lapins nains sont-ils plus fragiles ?

Leur petite taille est effectivement source de sérieuses blessures, par exemple lors d'une chute. Les lapins de plus grande taille sont plus adaptés aux enfants, car plus faciles à saisir.
On constate également un raccourcissement de la face. Quand celui-ci est trop marqué, il prédispose aux affections des voies respiratoires hautes (cavités nasales étroites) ; les yeux, globuleux, sont également plus exposés, et le raccourcissement des conduits lacrymaux peut gêner l'écoulement des larmes. Mais le problème essentiel réside, malgré les efforts et la qualité de la sélection, dans l'apparition de malformations congénitales des mâchoires, aboutissant à un défaut d'affrontement des dents et donc à leur pousse anarchique par manque d'usure.
Le lapin nain est donc légèrement plus sensible aux maladies que ses congénères de plus grande taille. C'est toutefois un petit animal robuste s'il est bien entretenu.

L'Hermine de Lutterbach à oreilles colorées ou panachées

Cette race récente, et encore peu répandue, est issue du croisement de lapins hermine aux yeux roses et nain-martre gris-bleu agouti. Elle se caractérise par une couleur blanche immaculée, à l'exception des oreilles qui sont entièrement colorées chez la variété à oreilles colorées (toutes les couleurs sont acceptées), ou seulement tachetées chez la variété à oreilles panachées.

Le Nain bélier rex

Reconnue depuis 2005, cette race est issue du croisement entre lapins béliers nains et lapins nains rex. Elle se caractérise par des oreilles tombantes et un poil fin et dressé de 14 à 18 mm.

Les autres races de lapins

Outre les races naines, quatre autres catégories de lapin sont répertoriées par la Fédération Française de Cuniculiculture.

- **Les petites races**

Bon nombre de lapins en animalerie sont vendus sous l'appellation

« nains » mais sont en réalité des lapins de petites races. Rappelons que le nanisme correspond à une malformation morphologique par la sélection et donne donc au lapin un aspect tout particulier.

Au nombre de 18, leur poids varie de 2 à 3,75 kg : Argenté anglais ; Feu noir, bleu, havane, feh ; Havane français ; Russe ; Papillon anglais ; Petit papillon ; Petit bélier ; Hollandais ; Chinchilla ; Feh de Marbourg ; Perl feh ; Sablé des Vosges ; Brun marron de Lorraine ; Zibeline ; Doré de Saxe ; Lynx ; Rhoen ; Separator.

Les races moyennes

Les races moyennes de lapin constituent le groupe le plus important dans la classification de la Fédération Française de Cuniculiculture. Ce groupe compte 26 races dont le poids idéal varie de 3 à 5,25 kg (minimum de 2,5 kg et maximum de 5,5 kg) et la longueur des oreilles de 11 à 14,5 cm : Fauve de Bourgogne ; Néo-zélandais ; Lièvre belge ; Argenté de Champagne ; Alaska ; Chamois de Thuringe ; Bleu de Vienne ; Blanc de Vienne ; Grand chinchilla ; Normand ; Blanc de Hotot ; Papillon rhénan ; Californien ; Bélier anglais ; Argenté Saint-Hubert ; Blanc de Vendée ; Bleu de Beveren ; Gris de Vienne ; Gris-bleu de Vienne ; Noir de Vienne ; Grand russe ; Gris du Bourbonnais ; Japonais ; Lapin chèvre ; Noir et blanc, Bleu et blanc, Brun et blanc (jarres blancs) ; Gris de l'Artois.

Les grandes races

Attention, les poids lourds arrivent, avec un minimum de 5 kg (sans limite supérieure) ! Les lapins de grandes races vous apportent autant d'affection que les petites races, mais avec des contraintes dues à leur gabarit.

Quatre races sont répertoriées par la Fédération Française de Cuniculiculture : Géant des Flandres, Géant blanc du Bouscat, Bélier français et le Géant papillon français.

Les races à fourrures caractéristiques

Les races à fourrures caractéristiques, au nombre de quatre et pesant de 3 à 5,5 kg, se distinguent des autres par la spécificité de leur pelage : Rex, Satin, Angora français et Renard.

Le lapin extra-nain ou lapin toy

Ces appellations sont couramment utilisées en animalerie, mais ces variétés de lapins ne sont pas reconnues par la Fédération Française de Cuniculiculture. Il s'agit en fait des plus petits gabarits de lapins nains. Ils sont très appréciés des enfants en raison de leur aspect de jouet, mais la miniaturisation poussée à l'extrême peut être source de malformations notamment au niveau dentaire.

Le saviez-vous ?

On rencontre souvent dans les animaleries des lapins nains tête de lion, qui portent une sorte de crinière partant du sommet du crâne et faisant le tour des joues. Il ne s'agit pas d'une race officiellement reconnue.

Où et comment acquérir votre lapin

Après mûre réflexion, conscient des devoirs que cela implique, vous êtes sûr de votre décision : vous allez adopter un lapin comme animal de compagnie. Voici quelques conseils pour vous guider dans votre choix et vous éviter d'acquérir un animal malade.

Les plus pour son bien-être : visite de contrôle

Même si votre lapin semble en bonne santé, il peut être en période d'incubation d'une maladie et porteur sain d'agents infectieux. Emmenez-le chez le vétérinaire pour une visite de contrôle. Profitez-en pour établir avec lui un programme de vaccination, voire de vermifugation. Demandez-lui conseil pour l'alimentation, la litière et l'aménagement de la cage.

Où trouver votre futur lapin ?

Beaucoup de gens trouvent leur lapin dans une animalerie, mais vous pouvez parfaitement adopter le vôtre auprès d'un particulier ayant eu une portée : consultez les annonces chez votre vétérinaire. Cela vous permettra ainsi de voir les parents et de vous faire une idée de la taille que le minuscule lapereau que vous pensez adopter risque d'atteindre un jour…

Sur Internet, il existe des sites d'amateurs de lapins, où vous trouverez peut-être votre bonheur.

Et n'oubliez pas les nombreuses associations et refuges, qui replacent des animaux abandonnés.

Quel doit être l'âge minimum du lapereau ?

Le sevrage s'opère vers 4 à 6 semaines. Attendez donc que le lapereau soit âgé de 8 semaines pour l'adopter, afin qu'il soit parfaitement sevré. Un sevrage trop précoce le fragiliserait.

Mâle ou une femelle ?

Tous deux ont leurs avantages et leurs inconvénients.
Le mâle a davantage tendance à marquer son territoire par ses crottes et ses urines, et fait parfois preuve d'une ardeur sexuelle effrénée.
La femelle, également territoriale, peut se montrer nerveuse en période de réceptivité sexuelle, donc de façon ponctuelle. Certaines ont des grossesses nerveuses ou des maladies des ovaires ou de l'utérus (infection, tumeur). La stérilisation contribue à apaiser les instincts et prévient certaines tumeurs et infections (voir p. 79).

Un ou deux lapins ?

La vie à deux ou trois est conseillée pour le bien-être du lapin, mais il peut se faire à la solitude si vous lui consacrez le temps et l'attention dont il a besoin. Si vous pensez prendre deux lapins, envisagez bien toutes les contraintes qui en découleront : temps à passer, coût, gestion de la reproduction, vacan-

Savoir examiner un lapin

Le plus simple est de commencer par le bout du nez et de poursuivre en direction de la queue :
- Le nez ne présente ni écoulement ni croûtes. Le lapin ne doit pas éternuer.
- Les yeux ne présentent ni rougeur, ni écoulement, ni gonflement des paupières. Ils sont propres, luisants, ouverts de la même façon et ne sont pas rentrés dans les orbites (signe de déshydratation).
- Les incisives sont parfaitement alignées et positionnées (incisives inférieures très légèrement en retrait par rapport aux incisives supérieures lorsque vous les regardez de côté). Le menton est sec.
- Les oreilles sont portées de façon symétrique et ne présentent pas de croûtes, saleté ou odeur.
- La tête est bien droite.
- Les mouvements respiratoires sont réguliers.
- La région anale est propre.
- Chez la femelle, la vulve ne présente pas d'écoulement.
- L'abdomen n'est pas ballonné ni dur.
- Estimez l'état d'embonpoint du lapin en le palpant au niveau des côtes et des muscles longeant les vertèbres lombaires.
- Le pelage doit être homogène (pas de poil cassant) et luisant. Il ne présente aucune zone sans poils, ni de croûtes, pellicules, rougeurs, odeur, parasites visibles. Cela vaut pour toutes les parties du corps, y compris le dessous des pattes. Le lapin ne doit pas se gratter.
- Aucune masse suspecte n'est visible, quelle que soit la partie du corps.

ces. Si votre décision est ferme, adoptez les deux animaux en même temps et choisissez-les jeunes, pour qu'ils s'habituent l'un à l'autre. Préférez deux lapines ou une femelle et un mâle stérilisés pour éviter les combats et pour prévenir une reproduction... prolifique.

Un lapin en bonne santé

Tout d'abord, observez la cage pour vous assurer que l'animal est maintenu dans de bonnes conditions d'hygiène (l'odeur est significative) et qu'il reçoit une alimentation correcte. Si l'environnement présente de sérieux défauts, sachez que le lapin risque de développer ultérieurement des troubles.

Repérez les crottes pour juger leur aspect. En cas de signes de diarrhée, reportez l'acquisition.

Si vous êtes en présence de plusieurs animaux, n'en adoptez pas un qui semble en bonne santé si d'autres présentent des signes de maladie, car il est probablement en phase d'incubation. Ne portez pas non plus votre choix sur un animal trop nerveux ou agressif.

Observez, à distance, le comportement de votre lapin préféré : il doit être vif, respirer régulièrement et se déplacer sans boiterie. Lorsque vous l'attrapez avec douceur, il ne doit ni vous attaquer ni vous mordre.

Reconnaître le sexe

Si vous avez une préférence pour un mâle ou une femelle, faites vérifier par le vendeur le sexe du lapin que vous avez repéré et demandez-lui de vous le montrer. Pour en savoir plus sur l'art de « sexer » un lapin, reportez-vous à la page 78.

CHAPITRE 3

Bien loger votre lapin

L'installation à la maison

Il est très important de bien choisir le lieu où vous allez installer votre lapin, car une installation inappropriée risque de vous conduire souvent chez le vétérinaire... Pour sa santé et son bien-être, faites le bon choix !

En raison de sa grande sensibilité auditive, votre lapin ne sera pas heureux dans un lieu bruyant.

Le bruit et le passage

Étant doté de grandes oreilles, le lapin est très sensible aux bruits. Évitez donc de placer sa cage dans une pièce où vous écoutez fort la télévision, la radio ou une chaîne hi-fi. La proximité des appareils électroménagers n'est pas souhaitable non plus, car le bruit et les vibrations qu'ils produisent sont très stressants pour lui.

Le lapin est très sociable et apprécie le contact avec les humains. Les pièces à vivre ne lui sont donc pas interdites. En revanche, les zones de trop grands passages ne sont pas adaptées. Veillez toutefois à ce que votre rythme de vie et celui de votre lapin soient compatibles.

Les courants d'air

Ne placez pas la cage dans des pièces régulièrement exposées aux courants d'air et éloignez-la des fenêtres, pour pouvoir les ouvrir sans fragiliser votre lapin.

N'oubliez pas qu'il vit à même le sol (sauf si la cage est surélevée) et que vous ne vous faites pas forcément une idée juste de la température et des courants d'air à son niveau. Si vous placez votre main au bas d'une porte par exemple, vous y sentirez un petit filet d'air. Mettez-vous à sa hauteur, craquez une allumette et observez les mouvements de la flamme pour mettre en évidence un éventuel courant d'air.

Un mauvais emplacement de la cage est-il si grave ?

Un mauvais emplacement de la cage peut entraîner des troubles respiratoires (de la rhinite à la pneumonie). Il peut aussi provoquer un stress important, qui a de multiples répercussions sur l'état de santé : il affaiblit les défenses immunitaires et peut donc prédisposer le lapin à des infections, surtout bactériennes ; il provoque également des troubles comportementaux (prostration, anorexie, agressivité…).

Les mauvaises odeurs

Veillez à ce que votre lapin ne respire rien d'irritant ou d'allergisant pour ses narines et ses poumons : produits détergents pour le sol (peu ou pas rincés…), lessives et produits nettoyants dans la salle de bains, vapeurs de cuisson dans la cuisine… L'odorat du lapin est bien plus développé que le nôtre ; ses voies respiratoires étroites, sa faible capacité respiratoire et sa fréquence respiratoire élevée le prédisposent aux irritations.

Gare à la chaleur

Incapable de transpirer, le lapin est très sensible aux fortes chaleurs (bien plus qu'au froid). Les périodes de canicule peuvent lui être fatales (coup de chaleur). Une température ambiante supérieure à 27 °C peut le mettre en danger.

Assurez-vous qu'il est dans une pièce tempérée tout au long de l'année. La température ambiante recommandée est de 15 à 21 °C.

La cage ne doit pas être exposée directement aux rayons du soleil. Ne laissez surtout pas votre lapin dans une véranda en été. En hiver, ne disposez pas la cage près d'un radiateur. En cas de chauffage au sol, qui augmente la température au niveau du lapin et assèche l'atmosphère, isolez la cage du sol par une plaque de polystyrène.

Sec ou humide ?

Le lapin est sensible aussi bien aux atmosphères trop sèches qu'aux atmosphères trop humides (risque de troubles respiratoires). Les pièces à proscrire sont donc par exemple les greniers, les pièces chaudes et sèches sous les toits, les buanderies, les salles de bains, les caves. Recherchez une hygrométrie moyenne (environ 60 %) : vous pouvez la mesurer à l'aide d'un hygromètre digital ou une station météo. Pour l'augmenter, utilisez un humidificateur d'air et pour la diminuer un absorbeur d'humidité.

Le saviez-vous ?

En raison d'une fragilité de son système respiratoire, le lapin est très sensible aux émanations chimiques. Voici une liste non exhaustive des produits dont l'utilisation est à proscrire dans l'environnement immédiat du lapin : cigarettes, aérosols, lessives, parfums d'intérieur, bougies parfumées, déodorants en spray, insecticides, encens, produits pour les vitres…

La cage et son équipement

Si vous ne pouvez pas laisser votre lapin en liberté dans la maison, l'achat d'une cage s'impose. Mais elle ne doit pas ressembler à une prison ! Voyez grand et pensez à enrichir l'environnement de votre protégé, pour son bien-être physique et mental.

Les bonnes dimensions

La taille de la cage est déterminée par celle du lapin et par le nombre de lapins détenus. Choisissez une cage de grandes dimensions : 120 x 60 cm au minimum pour un petit lapin. La hauteur doit être suffisante pour que l'animal puisse se dresser et faire des petits sauts (plus de 60 cm). N'hésitez pas à voir grand !

Le type de cage

Le lapin ne grimpe pas et n'a donc pas besoin d'une cage à niveaux. Optez pour un modèle rectangulaire avec un accès facile, à barreaux, comportant une base en plastique haute d'une quinzaine de centimètres. Choisissez-le avec un côté amovible que vous pourrez laisser ouvert, afin que le lapin puisse aller et venir lors de ses périodes de liberté.

Très déconseillés : les fonds grillagés (irritants pour les pattes), les cages artisanales en bois (rapidement altérées par les urines et le grignotage), les aquariums (en raison d'un très mauvais renouvellement d'air) et les parois transparentes en plastique. Ces dernières évitent certes les projections de litière et sont plus esthétiques, mais elles ne favorisent pas un bon renouvellement de l'air. Dans ce type de cage, où la température peut devenir rapidement étouffante, le lapin est confiné dans les vapeurs d'urine.

Manger et boire

Privilégiez les mangeoires lourdes, faites dans une matière solide, que le lapin ne pourra pas renverser ni détériorer (terre cuite ou céramique). Si vous possédez plusieurs lapins, mettez à leur disposition plu-

Faut-il une cachette ?

Une cachette en bois non traité, adaptée à la taille du lapin et au nombre d'animaux logés ensemble, doit être mise à la disposition d'un nouvel arrivant pour atténuer son stress. Elle n'est pas strictement nécessaire pour un lapin apprivoisé et bien acclimaté à son milieu de vie, mais peut lui permettre de se retirer au calme quand il le souhaite.

Le saviez-vous ?

Si votre intérieur ne permet pas de faire vivre votre lapin en liberté totale, vous pouvez opter pour un enclos intérieur, plus grand qu'une cage, à placer devant celle-ci laissée ouverte. Un parc à bébé peut convenir.

sieurs gamelles, pour limiter la compétition qui pourrait être à l'origine de comportements agressifs.

Un biberon d'eau doit être positionné verticalement et à l'extérieur de la cage, afin que le lapin ne puisse pas le heurter et le détériorer ni se blesser. De surcroît, ainsi placé, le biberon sera plus facilement accessible lors des changements d'eau – qui devraient être quotidiens.

Le râtelier à foin doit être placé à l'extérieur de la cage pour éviter que le lapin ne se blesse en essayant de grimper dedans et pour ne pas encombrer son espace vital.

Laissez enfin un petit rondin de noisetier à sa disposition, qu'il pourra ronger à sa guise.

Enrichir l'environnement

Il est essentiel d'organiser un milieu de vie stimulant et qui limite l'ennui, source de stress et de troubles du comportement. L'objectif est à la fois de répondre aux besoins physiologiques et psychologiques du lapin et de favoriser son activité physique pour prévenir l'obésité.

Inutile de lui offrir des tonnes de jouets qui vont encombrer sa cage et dont il va très vite se lasser. Proposez-lui deux ou trois jouets à la fois et changez-les régulièrement pour renouveler son intérêt : balles, papier journal froissé, rouleau cartonné de papier toilette, serviette sur laquelle il fera la sieste, jouets en plastique dur pour chat, petit panier en osier couché, tuyaux solidement fixés en guise de tunnel, abris en bois non traité avec plusieurs entrées… Votre lapin se fera un plaisir de « faire le ménage » en déplaçant régulièrement ces objets dans sa cage, mais assurez-vous qu'il ne les ingère pas.

Le râtelier et le biberon doivent être fixés à l'extérieur de la cage, afin que le lapin ne puisse pas les détériorer, ni se blesser.

La litière et l'hygiène de la cage

Une litière inadaptée ou une hygiène insuffisante de la cage favorisent l'apparition de certaines maladies – et ne sont naturellement pas très confortables. Le lapin est à votre merci pour l'hygiène de son lieu de vie : ne le négligez pas !

La bonne litière

Un lapin qui vit en cage, partiellement ou totalement, est en contact étroit avec sa litière. Celle-ci doit concilier plusieurs qualités et ne présenter aucune nocivité. Une bonne litière est confortable – non irritante pour les pattes – et bien absorbante – pour rester sèche. Elle ne doit pas dégager de poussière, présenter d'odeur irritante, ni bien sûr comporter de produits nocifs pour le lapin. On conseille en général une litière végétale non parfumée pour lapins et rongeurs (et non pour chat), très absorbante, dépoussiérée et non irritante pour les voies respiratoires. Elle est généralement constituée de chanvre.

Bien garnie

Garnissez la cage d'un petit matelas de litière d'environ 1 cm d'épaisseur. Vous pouvez éventuellement placer sous la litière une feuille de papier journal, qui vous facilitera le changement de litière, à condition que votre lapin ne l'ingère pas.

Litières conseillées

Litière végétale de chanvre

Litière végétale de maïs

La litière peut également être uniquement placée dans un petit bac au sein de la cage ou dans son enclos, que le lapin utilisera comme toilettes. Le reste de la cage sera laissé sans litière.

Le saviez-vous ?

Le foin et la paille ont un faible pouvoir absorbant. Il serait de surcroît dommage de gâcher le foin en l'utilisant comme litière car, une fois piétiné et souillé par les urines ou les excréments, le lapin le consomme moins volontiers – il risque alors d'user insuffisamment ses dents (voir pp. 61 et 63). La paille, quant à elle, présente peu d'intérêt nutritionnel.

L'entretien

Un environnement propre est l'une des clefs du bien-être et de la santé de votre lapin. La litière doit être changée deux fois par semaine en moyenne, davantage si nécessaire (notamment en période chaude). Nettoyez chaque fois la caisse à l'aide d'eau de Javel diluée, rincez très abondamment (le chlore est toxique par contact et par inhalation), puis laissez sécher. Le reste du matériel doit également être nettoyé régulièrement : écuelle, râtelier, barreaux, biberon, jouets…

À proscrire

• Les litières irritantes pour les voies respiratoires

Les litières à base de copeaux contiennent généralement beaucoup de poussière, que votre lapin soulève à chaque mouvement et qu'il inhale. Il existe malheureusement dans le commerce des litières parfumées pour lapins et rongeurs, destinées à camoufler les odeurs d'urine : elles sont à l'origine d'irritation chronique des voies respiratoires. Il en va de même des litières à base de résineux (notamment de cèdre) qui dégagent des essences volatiles irritantes et sont à éviter. Elles se présentent souvent sous forme de copeaux ou de bâtonnets.

• Les litières irritantes pour les pattes

Toute surface rugueuse peut être irritante pour le dessous des pattes du lapin et provoquer une pododermatite (irritation des pattes). Il faut donc proscrire les sols cimentés ou grillagés (caillebotis), la litière pour chat ou certaines litières sous forme de bâtonnets ou de petits graviers.

Litières déconseillées

Litière en bâtonnets

Copeaux

En liberté à la maison

Vivre en permanence dans une cage n'est pas très attrayant : pour son bien-être et sa santé, le lapin a besoin de périodes de liberté (au moins 2 heures par jour) ou, mieux encore, d'une liberté totale.

Vous pouvez lâcher votre lapin en liberté, mais ne le laissez pas sans surveillance dans toute la maison, où il se ferait un plaisir d'entamer meubles, livres, etc.

La liberté totale

Il est tout à fait possible d'accorder au lapin domestique une vie en liberté dans une pièce de la maison, moyennant quelques aménagements et l'instauration de règles de sécurité. Il peut ainsi se dépenser à loisir et jouit d'une vie beaucoup plus intéressante et stimulante que dans une cage.

• Les règles de sécurité

Choisissez une pièce peu encombrée et systématiquement fermée, afin d'éviter les fugues. Assurez-vous qu'aucun câble électrique n'est à portée du lapin, et veillez à mettre

les éléments en bois (meubles, bas de porte en relief...) à l'abri de ses dents aiguisées. Ôtez les tapis, car il se ferait une joie de les entamer et risquerait une occlusion digestive. Supprimez également toute plante et ne laissez traîner aucun produit ménager (risque de dérèglement digestif ou d'intoxication). Interdisez l'accès à la pièce aux autres animaux de compagnie si la rencontre peut s'avérer explosive.

- **L'environnement**

Installez, en deux points éloignés, deux caisses de type bac à litière pour chat. Pour les plus petits lapins, choisissez un modèle comportant une partie plus basse, afin de leur en faciliter l'accès. La première caisse contiendra la litière, la seconde sera consacrée aux repas et à la sieste. Garnissez cette dernière d'une simple feuille de papier journal, à condition que votre lapin ne l'ingère pas (et s'il ne s'agit pas d'un lapin blanc qui se tacherait avec l'encre). Trouvez une astuce pour fixer le biberon, sur un pied de table, par exemple, à moins que vous ne laissiez la grille de la cage – ouverte – sur la caisse où vous déposez la nourriture.

Un peu de liberté...

Si vous ne pouvez laisser votre lapin en liberté permanente dans la maison, accordez-lui chaque jour des périodes de liberté surveillée. Elles ne constituent pas un simple « plus », elles répondent à une véritable nécessité. Un lapin enfermé 24 h/24 s'ennuie terriblement, au point de développer, dans de nombreux cas, des troubles du comportement. La sédentarité est néfaste pour sa santé physique et mentale. Lui offrir chaque jour beaucoup de temps hors de sa cage est un strict minimum pour son bien-être.

Le saviez-vous ?

Contrairement à ses congénères sauvages, le lapin domestique n'est guère capable de distinguer une plante comestible d'une plante toxique. Il risque fort de s'attaquer avec un enthousiasme aveugle à des végétaux qui pourraient lui être fatals. Ne disposez donc pas – en croyant bien faire – des plantes vertes dans son environnement.

Les périodes d'activité hors de la cage

Laissez vadrouiller votre lapin dans une pièce répondant aux règles de sécurité indiquées ci-dessus pendant au moins 2 à 3 heures par jour.

Si vous ne disposez pas d'un tel espace, surveillez la sortie : restez dans la pièce et gardez un œil sur votre lapin. Ouvrez un côté de la cage pour qu'il sorte de lui-même et explore ce nouveau territoire petit à petit. S'il commence à grignoter des fils électriques et des parties en bois, frappez fort dans vos mains en disant fermement « non ».

Peut-il s'électrocuter en rongeant un câble électrique ?

La réponse est évidemment oui. On voit parfois en consultation des lapins qui ont survécu à un grignotage de fil électrique, mais les cas d'électrocution mortelle ne sont pas rares : le lapin meurt alors par défaillance cardiaque. Pour les lapins sauvés *in extremis*, on constate généralement de graves brûlures sur les lèvres et la langue.

L'activité indispensable

Outre son impact négatif sur l'état physique et mental de l'animal, la vie en cage, sédentaire, conduit à l'obésité, dont les répercussions sur la santé sont multiples. Une activité physique quotidienne est également indispensable parce qu'elle stimule le transit digestif et limite les risques de pododermatite (irritation des pattes), de cystite, de calcul urinaire et d'arrêt du transit digestif.

Votre lapin au jardin

Quoi de plus agréable que de regarder un lapin batifoler dans un jardin fleuri ? Mais attention, un jardin n'est pas sans risque et votre lapin n'est plus adapté à la vie sauvage !

Liberté totale ou enclos ?

Si vous lâchez votre lapin sans prendre de précaution, vous risquez fort de ne pas pouvoir le récupérer. Même s'il est très bien apprivoisé, il ne reviendra pas forcément de lui-même et n'acceptera pas nécessairement de se laisser reprendre.

Le saviez-vous ?

Les lapins et les rongeurs sauvages, attirés par la gamelle de votre protégé, viennent parfois se servir dans son enclos, au risque de lui transmettre diverses maladies. Il faut donc s'efforcer d'empêcher de tels contacts, pour charmants qu'ils puissent paraître.

Les risques d'intoxication

Les lapins sauvages, à la fois par instinct et par mimétisme (ils apprennent à consommer ce que leur mère consomme), reconnaissent les plantes toxiques de leur région et ne les mangent pas. Le lapin domestique, lui, n'est guère capable d'identifier une plante toxique (muguet, fougère, jonquille, primevère, laurier, peuplier, pin, sapin, if, coquelicot, gland, houx, colchique...) : seul son goût et sa curiosité le guident, ce qui l'expose à une intoxication. Les pesticides et les insecticides employés dans certains jardins sont d'autres sources possibles d'intoxication.

Mieux vaut donc prévoir un enclos. Vous en trouverez, tout faits, dans les animaleries et par correspondance, mais vous pouvez également le construire vous-même.

Inspectez le terrain au préalable pour éliminer tout ce qui serait susceptible de blesser votre lapin : graviers, pierres tranchantes, éclats de verre, débris divers.

La pluie et le beau temps

Choisissez un emplacement à l'abri du vent et fermez totalement le côté exposé au vent dominant.

Mettez à disposition de votre lapin un abri garni d'une couche de paille épaisse pour les jours de pluie et de froid. Bien que beaucoup de lapins soient très résistants aux basses températures, le lapin nain, de par son petit gabarit, est plus sensible. Je déconseille son maintien en extérieur à des températures inférieure à 15 °C. Attention aux ruissellements d'eau si le terrain est en pente : l'abri doit dans ce cas être placé dans la partie haute de l'enclos. L'enclos doit offrir une partie

La liberté au jardin est excellente pour le moral du lapin, donc pour son état général.

exposée au soleil et une partie ombragée – surtout aux heures les plus chaudes. Observez l'ensoleillement tout au long de la journée pour choisir le meilleur emplacement. Rentrez votre lapin la nuit pour le protéger du froid et des prédateurs.

Se nourrir au jardin

N'hésitez pas à semer du trèfle ou des pissenlits. Vous y ajouterez des granulés, du foin et de la verdure, en adaptant les quantités en fonction de ce que votre lapin trouve dans l'enclos.

Installez-lui sa gamelle habituelle, son râtelier à foin et son biberon.

Tout changement de régime doit être progressif : respectez une transition alimentaire (voir pp. 60 à 77).

Gare aux prédateurs

Votre petit compagnon pourrait bien intéresser bon nombre de prédateurs : renard, fouine, chien, chat… Pour limiter les risques, vous avez tout intérêt à rentrer votre lapin dans la maison la nuit. Sinon, il vous faudra installer un enclos entièrement fermé, avec des clôtures enterrées sur 40 à 50 cm (pour éviter, par exemple, qu'un renard ne s'introduise dans l'enclos en creusant sous la clôture, ou que le lapin ne s'évade par le même chemin). L'abri placé dans l'enclos doit être inaccessible aux plus gros prédateurs : prévoyez une entrée étroite, juste assez grande pour le lapin. Il est facile de trouver en animalerie des clapiers pour lapin d'extérieur, mais ils sont souvent mal ventilés.

Vivre avec votre lapin

CHAPITRE 4

Comprendre son comportement

Le lapin est un animal sociable et très expressif. Comme vous pourrez le constater, son comportement est particulièrement intéressant à observer. Encore faut-il, toutefois, savoir bien interpréter ses attitudes. Apprenons à parler lapin…

Se laver

Tout comme le chat, le lapin est un animal très propre qui consacre une partie de son temps à sa toilette en léchant soigneusement son pelage. Il le lustre en étalant, avec sa langue, les sécrétions huileuses (sébum) des glandes de la peau (glandes sébacées).

Lorsque plusieurs lapins vivent ensemble, ils procèdent souvent à un toilettage mutuel. Ce comportement, appelé grooming, traduit une acceptation du congénère. Il se peut que vous soyez l'objet de ce grooming – c'est bon signe !

Se reposer

Votre lapin est principalement actif tôt le matin et en fin d'après-midi. On parle d'espèce crépuscu-

Le lapin dort en moyenne de 9 à 10 heures par 24 heures, en plusieurs périodes. Le « senior » - au-delà de 6 ans - consacre un peu plus de temps au sommeil.

laire. En dehors de ces périodes d'activité, il adore paresser. Il se couche sur le côté ou sur le ventre et s'étend de tout son long, les yeux mi-clos. Il s'appuie sur ses pattes avant et étend ses membres postérieurs sur le côté. Il plaque parfois ses oreilles vers l'arrière. Avant ou après la sieste, il aime s'étirer en cambrant et en allongeant son corps. Il étend ses membres postérieurs vers l'arrière.

Faire ses besoins

Une fois installé dans son « territoire », le lapin prend rapidement l'habitude de déposer ses crottes et ses urines toujours aux mêmes endroits. Il faut exploiter cette habitude pour l'aider à devenir propre, en installant des bacs à litière dans ces endroits « stratégiques ».

Le maintien d'un lapin dans une cage trop petite prédispose à une rétention urinaire chronique favorisant l'apparition de cystites et de calculs. La position du corps pour les mictions et défécations est identique et ne diffère pas entre mâle et femelle.

Jouer

Un lapin d'humeur joueuse tourne autour de vous et vous donne de petits coups avec son nez pour attirer votre attention. Il peut également vous inviter au jeu en vous léchant. Les jeunes lapins souvent turbulents se calment généralement vers l'âge de 1 an.

Pour son bien-être, il est important de varier les jeux et les jouets.

Le saviez-vous ?

En se léchant, le lapin ingère des poils qui, s'ils s'accumulent en trop grande quantité, peuvent favoriser une constipation, voire une occlusion digestive. Un brossage régulier permet de réduire ce risque (notamment en période de mue) et d'entretenir le pelage en éliminant les poils morts.

Le lapin « joue » de différentes façons. L'une des plus simples consiste à faire du bruit, en frappant les bords de sa caisse avec l'un de ses jouets qu'il tient entre ses mâchoires, par exemple. Il aime également déplacer les objets, les jeter en l'air ou les pousser.

Il apprécie beaucoup les courses-poursuites, avec ses congénères mais également avec un humain : attention toutefois, laissez-le vous poursuivre pour jouer, mais ne faites pas l'inverse, afin de ne pas l'apeurer.

Ronger, toujours ronger...

Bien qu'il ne soit pas un rongeur, le lapin ronge constamment pour user ses dents. Il peut donc montrer une fâcheuse propension à s'attaquer aux bas de portes et aux meubles en bois. Mettez toujours à sa disposition un rondin de bois pour le détourner de votre mobilier. Quand vous le laissez seul en liber-

Le jeu

Le jeu occupe une grande place dans la vie des jeunes lapins – c'est à la fois une façon d'exprimer leur vitalité et une forme d'apprentissage. Ils peuvent sembler hyperactifs, mais, généralement, ils se calment vers l'âge de 1 an. Le jeu reste toutefois un besoin important.

Dressé sur ses pattes arrière, il écoute, observe et flaire : l'attitude d'alerte caractéristique.

té, veillez à ne rien laisser à portée de ses dents tranchantes.

L'exploration de l'environnement

Comme toutes les proies, le lapin sauvage est toujours en alerte quand il explore son environnement. Sa survie dépend de sa faculté à repérer instantanément un danger.

Cet instinct persiste, bien qu'atténué, chez le lapin domestique, qui est sur le qui-vive dès qu'il se trouve dans un environnement inconnu ou que son milieu de vie habituel est modifié (bruit, passage...). En cas d'alerte, il se dresse sur ses pattes arrière pour mieux voir, écouter et sentir ce qui l'entoure ou bien se tient sur ses quatre pattes, tête tendue en avant, prêt à fuir. En cas de maintien en cage, la hauteur de celle-ci doit être suffisante pour permettre au lapin de se tenir dressé sur les postérieurs. Les yeux en position latérale lui confèrent un champ de vision étendu (près de 360°) et une vision panoramique. L'audition et l'olfaction sont très développées d'où la nécessité de maintenir le lapin dans une pièce sans appareil hi-fi vidéo ni odeurs.

Malgré cette prudence naturelle, le lapin est curieux et apprécie l'exploration de nouveaux territoires, ou de nouveaux objets, stimulante et intéressante.

L'instinct territorial

L'instinct de territorialité répond au besoin de préserver un espace vital pour se nourrir et se reproduire. Le territoire est plus important chez les mâles que chez les femelles, et chez les dominants que chez les dominés. Le marquage joue un rôle fondamental dans la délimitation du territoire et la reconnaissance des individus qui y sont acceptés. L'instinct de territorialité peut provoquer l'attaque de tout individu perçu comme étranger au territoire, qu'il s'agisse d'un nouveau congénère ou… d'un humain.

Le marquage et l'instinct territorial

Le lapin marque son territoire de différentes façons. Il dépose des phéromones au moyen des glandes de son menton, qu'il frotte sur les objets, sur ses congénères et même sur ses maîtres. Il dépose également des sécrétions odorantes par l'intermédiaire de ses glandes inguinales situées de part et d'autre du pénis ou de la vulve. Il pratique, bien sûr, le marquage par les urines et par les crottes, imprégnées d'une odeur par les glandes anales. Les mâles entiers projettent souvent des urines sur les femelles, sur les objets… voire sur leur infortuné maître.

Les mâles marquent plus leur territoire que les femelles, et les dominants des deux sexes marquent plus que les dominés, notamment en leur présence. Le territoire est plus grand chez les mâles que chez les femelles et chez les dominants par rapport aux dominés. Les lapins stérilisés marquent aussi leur territoire.

Les lapins sauvages vivent en groupes appelés garennes dans lesquels une hiérarchie est instaurée. Même si des incompatibilités irréversibles existent, la cohabitation de plusieurs lapins de compagnie est possible à condition de s'assurer au préalable de leur compatibilité et de ne pas créer de situation conflictuelle en relation avec leur instinct de territorialité et la reproduction. Une hiérarchie s'instaure rapidement. Le dominant présente sa tête au dominé pour qu'il la toilette et la caresse. Le lapin dominant accède en premier à la nourriture. Le dominé s'écarte pour laisser passer le dominant. Une femelle dominante chevauche parfois un congénère (même mâle).

La peur

Le lapin apeuré peut tenter de fuir ou s'aplatir, les pattes groupées sous lui et les oreilles plaquées vers l'arrière (c'est aussi une attitude de soumission). Sa respiration s'accélère et ses pupilles se dilatent (on parle de mydriase).

Le saviez-vous ?

Il est très rare d'entendre le lapin produire des sons. Vous percevrez à l'occasion de petits grognements, destinés à manifester son mécontentement ou à attirer votre attention. Il fait aussi parfois entendre des grincements de dents, qui peuvent aussi bien exprimer sa satisfaction que son agressivité, ou une douleur. De longs cris stridents sont émis lors d'une douleur intense ou d'une grande peur.

Posture d'un lapin apeuré, corps aplati, yeux dilatés et oreilles aplaties en arrière.

L'agressivité et les morsures

L'agressivité est heureusement plutôt rare chez le lapin, et souvent liée à un instinct de territorialité. Le lapin mécontent peut taper du pied, courir vers vous, grogner (grondement nasal) et mordre, ou frapper avec les pattes avant. Inutile de crier ou de le frapper : seule la patience et la persévérance sont de mise face à cette petite terreur.

La position des oreilles est un bon indicateur de son humeur. Lorsqu'il est mécontent, ou pour manifester son agressivité, il se dresse sur les pattes arrière, relève la tête et porte les oreilles dressées et orientées vers le côté, ou plaquées en arrière. Il peut également frapper le sol d'un coup sec avec une patte arrière, voire les deux.

La stérilisation précoce est conseillée pour les lapins agressifs, mais ne garantit pas à 100 % un changement de comportement. Elle est recommandée le plus rapidement après l'apparition d'un comportement agressif pour limiter la dégradation de la relation entre le lapin et son maître. Le taux d'hormones chute progressivement en 1 mois après la chirurgie.

Il arrive que le lapin « pince » sans qu'il s'agisse pour autant d'agressivité. Il veut simplement se faire entendre, exprimer son impatience car la nourriture n'arrive pas assez vite, ou montrer qu'il est le chef.

Les comportements anormaux

En observant jour après jour votre lapin, vous constaterez peut-être parfois des comportements anormaux. Il est important de les repérer, car ils signalent souvent un problème d'environnement ou de santé. On peut regrouper sous le terme de comportements anormaux des comportements normaux mal compris ou jugés comme indésirables par le propriétaire, des troubles purement comportementaux et enfin des comportements anormaux conséquence d'une maladie.

Il souffre

Le lapin exprime la douleur essentiellement par de la prostration et de l'anorexie. Il reste dans sa cage immobile, en boule, les yeux mi-clos. Dans certains cas, il respire rapidement par le ventre ou grince des dents. Il arrive aussi qu'il émette, gueule ouverte, de longs cris aigus et stridents. Une gêne ou une douleur buccale provoque une salivation abondante. Son menton, son cou et ses pattes sont alors mouillés.

D'autres comportements sont révélateurs d'une douleur : anorexie, boulimie, constipation, modification des préférences alimentaires, mastication asymétrique, ingestion de corps étrangers (litière et poils), absence ou excès de toilette, lapin s'attaquant aux barreaux de sa cage, s'automutilant, devenant agressif ou refusant les contacts.

Enfin, sous l'effet d'une douleur intense, un lapin peut vous mordre.

S'il se tient en boule, dans une attitude très contractée, quelque chose ne va pas.

Il a peur

Le lapin apeuré peut crier, tenter de fuir et se débattre par de violentes ruades le prédisposant aux fractures de membres ou de la colonne vertébrale. Il peut aussi adopter une position de soumission immobile, les pupilles dilatées, le corps aplati, les membres ramassés sous lui et les

Troubles alimentaires

Il est important d'observer le comportement alimentaire et digestif de votre lapin : boulimie, constipation, ingestion de corps étrangers (litière, papier, poils...), signalent des troubles digestifs, une douleur ou un stress.

oreilles rabattues vers l'arrière. On observe en parallèle une accélération significative des rythmes cardiaque et respiratoire.

Il ne se lave pas

Beaucoup de lapins obèses présentent des pellicules et des bourres de poils, notamment sur la croupe. Leur embonpoint les rend moins agiles et les empêche de se toiletter correctement. Vous les verrez parfois assis sur les pattes arrière et tête sur le côté, essayant vainement de se lécher. La diminution ou l'absence de toilette peut également signaler une douleur ou une altération de l'état général.

Il est malpropre

Si votre lapin fait ses besoins n'importe où, assurez-vous que son bac à litière n'est pas placé à un endroit qui peut le gêner pour ses besoins (près d'une machine à laver, par exemple). Vérifiez que la litière lui convient : bien propre (donc régulièrement changée) et non irritante pour ses pattes ou pour ses narines.

Si votre lapin vit en liberté dans la maison et n'a jamais été propre, il est inutile de le punir. Commencez par laisser à sa disposition un petit territoire avec un bac à litière, que vous placerez à un endroit qu'il affectionne pour faire ses besoins. Lorsqu'il s'est habitué à utiliser ce dernier, augmentez progressivement l'espace autorisé. Vous pouvez éventuellement disposer plusieurs bacs à litière pour l'inciter à les fréquenter.

En revanche, si votre lapin était propre et se met à faire ses besoins un peu partout vers l'âge de 4 à 6 mois, c'est qu'il devient pubère : il marque son territoire. La stérilisation peut alors être conseillée.

Il détruit son environnement

Ronger est un comportement normal dans cette espèce, mais il peut devenir excessif lors d'ennui. Et les punitions sont inutiles. Il est conseillé d'adapter l'environnement pour protéger les objets à risque et de rediriger l'envie de ronger du lapin vers des petites branches de noisetier ou des jouets pour lapins qui seront mis à sa disposition. Lorsque le lapin s'attaque à un meuble, il est conseillé de ne pas crier car les vocalises sont quasi absentes du langage du lapin. Il est préférable de taper du pied au sol, ce qu'il interprétera comme un signal de danger.

Une augmentation de l'activité physique et un enrichissement de l'environnement sont nécessaires. Ce dernier consiste à stimuler le comportement d'un animal par l'organisation de son milieu de vie et à limiter l'ennui, source de stress et de pathologie comportementale. Il est conseillé d'offrir au lapin des périodes de liberté quotidiennes et de mettre à sa disposition deux ou trois jouets et de les changer régulièrement pour susciter à chaque fois un nouvel intérêt : balles, papier journal froissé, rouleau cartonné au centre des rouleaux de papier toilette ou de papier essuie-tout, jouets en plastique dur, petit panier en osier, tuyaux solidement fixés en guise de tunnel, abri en bois non traité avec plusieurs entrées, cannette métallique contenant un caillou ou une bille. Un lapin se sent mieux s'il vit avec un ou deux congénères.

Il est agressif et mord

Les morsures sont le plus souvent liées à un trouble comportemental ou à un instinct de territorialité. Le lapin en position agressive se dresse sur les pattes avant, relève la queue et la tête et porte les oreilles dressées et orientées vers les côtés ou couchées en arrière. Il frappe le sol avec un postérieur. Il peut enfin courir vers son adversaire, grogner et mordre ou frapper avec les pattes avant.

Vous devez rechercher ce qui peut perturber votre lapin et identifier les circonstances de la morsure (généralement intrusion dans la cage). Il convient d'éviter les interactions négatives, de ne pas frapper le lapin, de rester calme, de parler doucement, de ne pas hésiter ni reculer et de ne pas faire de geste brusque. Le recours à une serviette peut être intéressant pour le saisir. Ces comportements sont accentués par les hormones sexuelles : la stérilisation est conseillée.

Certains lapins peuvent vous pincer en mordant pour attirer votre attention ou montrer son impatience sans qu'il s'agisse d'agressivité.

Il se tient bizarrement

Prenez rendez-vous avec votre vétérinaire si votre lapin adopte des postures inhabituelles ou se déplace de manière étrange :
– un seul membre tendu au repos ;
– membre ne touchant pas le sol lors d'un déplacement ;
– un membre ramené sous le corps et les autres étendus durant une période de repos en position allongée sur le côté ;
– marche remplaçant les petits sauts chez un lapin habituellement vif et joueur ;
– démarche chancelante ;
– train arrière traînant au sol ;
– corps rassemblé en boule ;
– tête penchée ;
– contraction du ventre avec la queue relevée (signale une vaine tentative d'uriner).

Les troubles de la locomotion ou de l'équilibre doivent vous inciter à consulter rapidement.

Les premiers contacts

Les premiers contacts avec votre lapin vont nécessiter un peu de délicatesse. Apprenez à bien le manipuler, car une mauvaise contention peut s'avérer dangereuse, aussi bien pour lui que pour vous.

Que de stress !

Lorsqu'il arrive enfin chez vous, il y a de fortes chances pour que votre lapin se montre apeuré. Mettez-vous à sa place : il était il y a peu de temps encore chez son éleveur, puis est peut-être passé par une animalerie, lieu stressant à cause du bruit et du passage, pour enfin se retrouver chez vous, après un nouveau transport. Ces changements successifs d'environnement peuvent l'affaiblir et même le prédisposer aux maladies. Vous devez donc tout faire pour ne pas aggraver son stress et lui permettre de s'acclimater tranquillement à son nouveau milieu de vie.

Les premiers contacts

Les premières heures, laissez-le tranquille. Il passera le plus clair de son temps dans sa cachette, pointant par moments le bout de son nez.

Les jours suivants, n'essayez pas de le manipuler. Approchez-vous doucement de la cage en lui parlant à voix basse, passez quelques minutes assis au sol, dans le calme. Votre lapin devrait finir par s'intéresser à vous. Laissez-le agir à son rythme. Vous pouvez tendre la main, pour qu'il vienne la sentir, ou l'attirer avec une friandise. Lorsqu'il s'approche, essayez de le caresser, mais sans le forcer. Augmentez progressivement le temps de contact et la fréquence des visites, jusqu'à ce qu'il paraisse pleinement en confiance. Ce n'est qu'alors que vous pourrez tenter de le manipuler.

La bonne approche

D'une manière générale, soulever un lapin pour le caresser est inutile et source potentielle de stress ou de blessure : baissez-vous plutôt et caressez-le au sol !

Approchez-le sans gestes brusques et dans une ambiance calme. Parlez-lui doucement et caressez-le avant de le prendre. Ne le saisissez jamais par les oreilles ou les pattes et veillez à protéger son dos.

S'il vous mord lorsque vous tentez de le prendre, dites-lui « non » d'un ton ferme et retentez l'expé-

Emmailloter votre lapin

Dans certaines circonstances, il est très utile de pouvoir tenir le lapin emmailloté dans une serviette. Cette contention est par exemple utilisée pour la coupe des griffes (une patte est alors laissée hors de la serviette), les soins des oreilles ou des yeux, et l'administration de médicaments par voie orale.

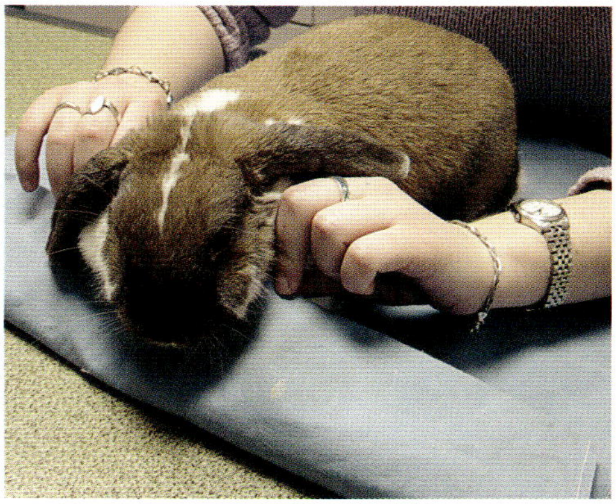

1. Posez le lapin sur le bord de la serviette et faites un petit rabat par-dessus les pattes avant et sous le menton.

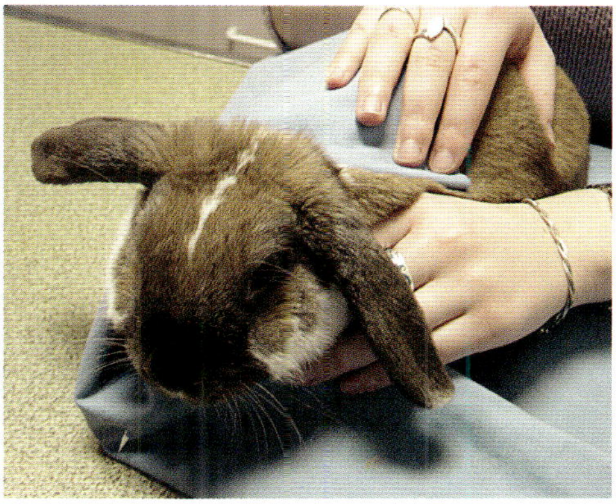

2. Rabattez un pan de la serviette en arrière des oreilles, au niveau de sa nuque.

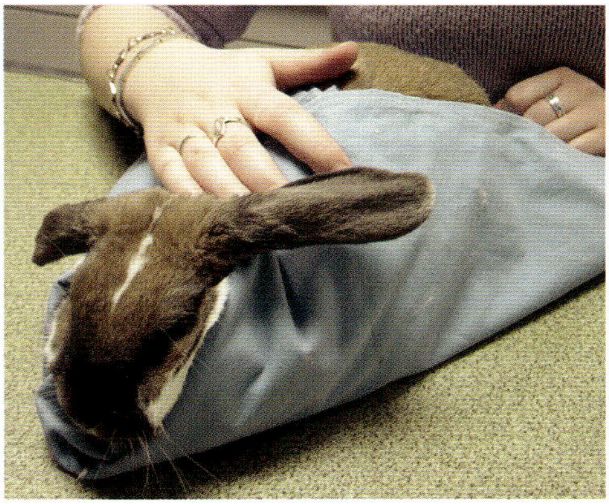

3. Croisez le second pan par-dessus le premier.

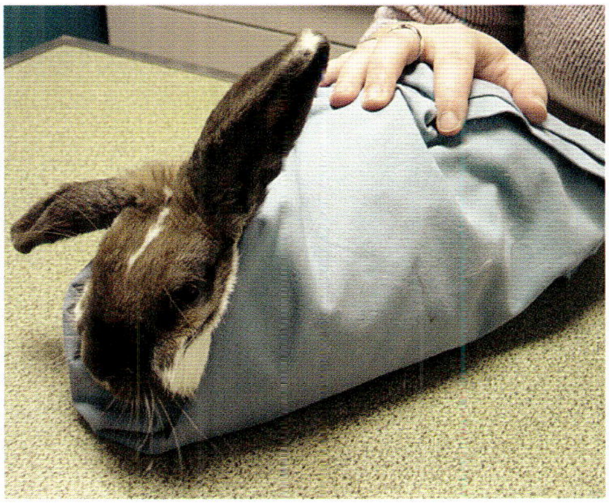

4. Ramenez l'arrière de la serviette à l'arrière du lapin.

rience, car, si vous abandonnez, il interprétera la morsure comme un bon moyen de préserver sa tranquillité et risque alors de mordre de plus en plus fréquemment.

La bonne contention

Un lapin en confiance et habitué à être manipulé peut être saisi par les flancs, à deux mains. Il ne faut

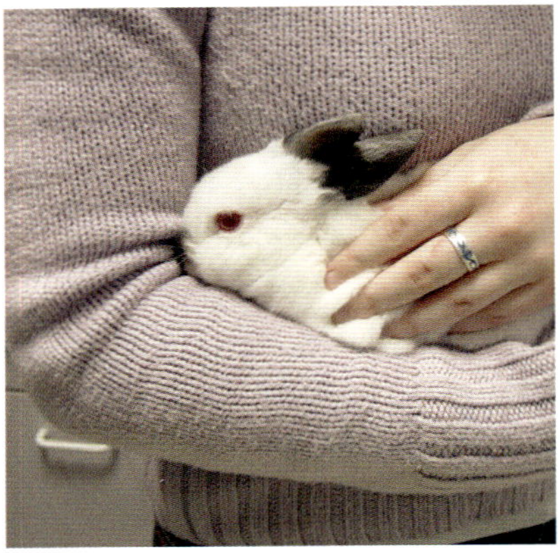

Une contention sécurisée est indispensable pour éviter les chutes.

Puis-je l'attraper par les oreilles ?

Non ! Si la nature a doté le lapin de grandes oreilles, c'est pour qu'il entende mieux, pas pour qu'on tire dessus ! Une telle contention est très douloureuse pour lui, et surtout dangereuse, car elle peut provoquer un arrêt cardiaque. Et s'il panique et se débat, il risque de se blesser la colonne vertébrale.

pas trop le serrer. Vous pouvez aussi le prendre en glissant une main sous le thorax, l'autre venant se placer sous le train arrière.

Posez-le sur votre avant-bras, contre vous, ses membres postérieurs et son arrière-train reposant dans votre main, sa tête orientée en direction du creux du coude. Le lapin y enfouit souvent sa tête pour se rassurer. Posez l'autre main sur son dos pour éviter les ruades et les chutes. Parlez-lui doucement tout en le caressant.

Si le lapin est de très petite taille, vous pouvez saisir son thorax d'une main (index et majeur encerclant le cou, les autres doigts entourant le thorax), tandis que l'autre main saisit le train arrière.

Si vous devez saisir votre lapin dans un endroit peu accessible (enclos extérieur…), vous pouvez le prendre par la peau du milieu du dos pour le soulever, à condition qu'il soit calme.

Les dangers d'une mauvaise contention

• Pour le lapin

Mal effectuée, la contention peut être source de douleur, de stress, ou même provoquer une blessure (fracture à la suite d'une chute). S'il souffre ou a peur lorsque vous le prenez, le lapin risque de se montrer agressif.

Dans les cas extrêmes, une mauvaise manipulation peut entraîner un arrêt cardiaque. Mais le plus grand risque est une lésion de la colonne vertébrale ou de la moelle épinière : une violente ruade suffit pour causer une telle blessure, qui peut induire une paralysie irréversible. Soyez donc prudent.

• Pour le manipulateur

Le risque de morsure existe, mais il est rare. En revanche, lorsqu'il panique, le lapin se débat en donnant de violentes ruades avec le train arrière et peut lacérer votre avant-bras avec ses griffes.

Le saviez-vous ?

Il est tentant de lui offrir une friandise, mais gare à la prise de poids. Optez pour un petit morceau de fruit ou de légume plutôt que pour les petits biscuits pour lapins et rongeurs, trop riches. Parlez-lui doucement et caressez-le sur le front, entre les oreilles et sur le dos, toujours dans le sens du poil.

Le lapin et les autres animaux

Votre lapin peut-il s'entendre avec d'autres animaux de compagnie ou avec un congénère ? C'est parfois possible, mais dans bien des cas, les rapprochements sont délicats, voire franchement déconseillés !

Avec un chien ou un chat

Chien et chat sont des carnivores, donc des prédateurs. Ils ont naturellement tendance à percevoir votre lapin comme une proie ou un jouet. D'une manière générale, mieux vaut ne pas tenter le diable et interdire à tout ce qui porte canines d'approcher du lapin.

Parfois, cependant, si l'on sait faire preuve de patience, une belle amitié peut s'instaurer. La prudence reste de rigueur : ne laissez jamais un chien ou un chat sans surveillance à proximité de votre lapin.

Dans certains cas, chien et lapin peuvent développer une belle amitié, mais une surveillance étroite est toujours nécessaire.

Gare aux prédateurs

Certains nouveaux animaux de compagnie sont des prédateurs potentiels pour votre lapin, en particulier le furet et les serpents. Ils ne doivent jamais être mis dans la même pièce qu'un lapin, car ils sont l'un pour l'autre source de stress et de nervosité.

Si vous souhaitez tenter une cohabitation amicale, l'idéal est de mettre les animaux en contact dès le plus jeune âge. Les présentations doivent se faire avec précaution et en toute sécurité pour le lapin : laissez-le dans sa cage fermée. Approchez doucement avec le chien, en le tenant par son collier, ou avec le chat, tenu dans vos bras. Réprimandez-les s'ils s'excitent ou font preuve d'agressivité.

Renouvelez l'expérience à plusieurs reprises avant de tenter un face-à-face sans grille interposée. Restez très vigilant, car un drame peut arriver en quelques secondes.

Avec un rongeur

La cohabitation d'un lapin et d'un rongeur n'est pas conseillée, car leur mode de vie (nocturne/diurne), leur régime alimentaire, leur gabarit et leur comportement sont peu compatibles. Les risques de morsures sont élevés.

On me demande souvent si un lapin et un cochon d'Inde peuvent vivre ensemble. La plupart du temps, ils s'entendent très bien et deviennent rapidement complices. Leurs régimes alimentaires sont également proches. Je reste cependant réservé, car ils représentent l'un pour l'autre un réservoir potentiel de maladies, notamment cutanées et respiratoires.

D'autre part, il arrive qu'un lapin mâle montre des ardeurs sexuelles à l'égard du cochon d'Inde. Enfin, il faut savoir que lorsque l'un mourra, le second se montrera stressé par sa disparition et risque même de tomber malade – le cochon d'Inde a une espérance de vie inférieure à celle du lapin (6 à 7 ans).

Avec des oiseaux

La cohabitation d'un lapin avec des oiseaux n'est pas souhaitable, car les chants incessants de ces derniers, surtout ceux, stridents, des perroquets, risquent de gêner et d'effrayer le petit mammifère.

Le lapin et le cochon d'Inde s'entendent généralement bien, mais leur cohabitation n'est pas sans poser de problèmes.

Avec un autre lapin

Deux lapins vivent généralement bien ensemble et la vie à deux est conseillée pour limiter l'ennui. Mais la cohabitation pose des problèmes de territorialité et de reproduction. Elle ne sera pas forcément harmonieuse, mais si elle l'est, vous aurez le plaisir de voir vos lapins jouer ensemble, se toiletter mutuellement et dormir l'un contre l'autre. Une hiérarchie se mettra en place rapidement entre les deux animaux.

• Le bon choix

Adoptez-les tous les deux jeunes pour qu'ils s'habituent rapidement l'un à l'autre. Optez pour des races de gabarit analogue, car les jeux entre un Géant des Flandres et un lapin nain présentent des risques pour le squelette de ce dernier.

Assurez-vous que leur milieu de vie est assez grand pour deux. Associez plutôt deux lapines, ou une femelle et un mâle stérilisés – un mâle entier peut harceler une femelle stérilisée – afin d'éviter les combats et une reproduction… prolifique. La stérilisation de la femelle est également conseillée si elle présente un instinct territorial trop marqué et pour sa santé.

• La rencontre

Dans un premier temps, placez leurs cages fermées côte à côte, pour qu'ils se sentent et se voient. Si vous possédez déjà un lapin adulte et que vous souhaitez lui présenter un nouveau venu, faites-le dans une ambiance calme, en terrain neutre et sous votre contrôle. Accordez-leur quelques minutes pour se présenter, puis séparez-les et réitérez l'expérience sur plusieurs jours, en augmentant le temps de contact. Lorsque l'entente semble s'être instaurée, laissez-les ensemble plus longuement. En cas de combat, intervenez pour éviter les blessures, par exemple en les aspergeant d'eau à l'aide d'un vaporisateur.

Les premiers contacts entre deux lapins doivent être progressifs.

Vous pouvez également placer les deux lapins dans une situation légèrement stressante telle qu'un transport en voiture : ils auront alors tendance à se rapprocher plutôt qu'à se battre.

Le saviez-vous ?

Avant de décider de prendre plusieurs animaux, envisagez bien les conséquences d'un tel choix : risque de mésentente, de maladies, contraintes de place, de temps, d'argent (alimentation, litière, frais vétérinaires), de transport et de garde (vacances…), gestion éventuelle de la reproduction. Mieux vaut un seul lapin parfaitement entretenu que plusieurs animaux moins bien traités.

Le transport et le voyage

Les vacances arrivent, une visite chez le vétérinaire s'impose, bref, votre lapin doit voyager. Une corvée dont ce petit mammifère craintif se passerait bien. Organisez-vous pour limiter son stress (et le vôtre) !

La pension

Si vous envisagez de faire garder votre lapin, assurez-vous qu'il sera dans un environnement adapté, si possible chez une personne qui connaît les lapins. Prenez le temps de lui expliquer les règles de l'existence de votre petit compagnon pour que tout se passe bien (quantité de nourriture, règles de distribution, entretien de la cage, périodes de liberté, administration éventuelle de médicaments...).

N'oubliez pas de laisser, en plus de la cage tout équipée, les aliments, le foin et la litière habituels, ainsi que le carnet de santé et les coordonnées de votre vétérinaire.

La caisse de transport

Pour des raisons de sécurité, un lapin ne doit en aucun cas voyager en liberté dans une voiture, ni sur les genoux d'un enfant. Il est possible de le transporter dans sa grande

Laissez votre lapin marquer la caisse de transport de son odeur avant utilisation. Pour le voyage, placez-y sa litière et une poignée de son foin.

cage, mais une caisse de transport pour chat fait très bien l'affaire.

Habituez-le à sa caisse de transport plusieurs jours avant le départ en laissant celle-ci ouverte afin qu'il l'explore et la marque de son odeur. Vous pouvez également y déposer ses jouets préférés et du foin.

Les règles pour un bon voyage

Fixez correctement la caisse de transport (ou la cage) en la bloquant avec une ceinture de sécurité, pour qu'elle ne se renverse pas au premier coup de frein.

Voyagez dans le calme et faites en sorte que le temps de trajet soit le plus bref possible, pour limiter au maximum le stress. Gardez à l'esprit que le lapin est une proie à l'état naturel et qu'il est doté d'une fréquence cardiaque et d'une fréquence respiratoire élevées. Tout transport conduit à une augmentation potentiellement dangereuse de ces constantes vitales. Réfléchissez à l'option de faire garder votre petit compagnon pour lui épargner un trop grand stress.

Ne projetez pas d'acheter tout sur place : vous ne trouverez pas forcément une litière de qualité, ni, surtout, les mêmes granulés et le même foin. Or, tout changement dans son alimentation risque d'induire une diarrhée.

Les voyages à l'étranger

Avant de partir, assurez-vous que l'introduction d'un lapin dans le pays de destination est possible (ainsi que dans tous les pays que vous traversez pour y parvenir) et informez-vous des modalités administratives. En général, un certificat de bonne santé délivré peu avant le départ par un vétérinaire est nécessaire et parfois un passeport une vaccination et une identification par puce électronique.

Renseignez-vous aussi auprès des autorités françaises (préfecture, direction des services vétérinaires) sur les règles administratives pour le retour.

Le saviez-vous ?

Le lapin craint les courants d'air froids, mais il redoute davantage la chaleur. Si le temps est froid et venteux, couvrez la caisse de transport avec une couverture. Mais le danger est plus grand lors de fortes chaleurs. Évitez les heures chaudes et ne laissez jamais votre lapin dans une voiture au soleil, même pour un instant : il peut mourir d'un coup de chaleur en quelques minutes. Allumez la climatisation en prenant soin de ne pas placer l'animal dans le flux d'air froid. Vous pouvez également placer sous la cage des blocs congélation pour glacière et dans celle-ci une bouteille d'eau froide correctement fixée et entourée d'une serviette éponge.

Des calmants ?

Il n'existe pas de calmant spécialement formulé pour le transport des lapins. N'utilisez pas ceux destinés aux chats ou aux chiens, inadaptés, parfois même dangereux. Certains spécialistes anglo-saxons préconisent l'aromathérapie, qui consiste à faire respirer à l'animal les principes volatiles d'huiles essentielles de plantes aux vertus apaisantes. Il existe également des produits apaisants homéopathiques.

CHAPITRE 5

Bien nourrir votre lapin

Le lapin et l'alimentation

Avant d'examiner en détail les différents aliments qui entrent dans le régime du lapin, voici quelques généralités qui vous permettront de comprendre comment il mange et digère ses aliments.

Le crâne et les dents du lapin

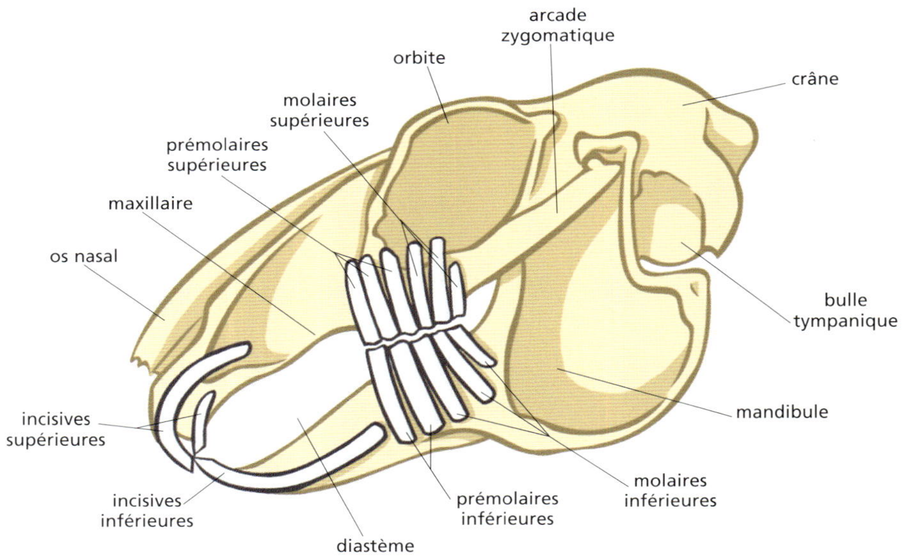

Le lapin possède **28 dents** réparties de la manière suivante :
- mâchoire supérieure : 4 incisives, 0 canine, 6 prémolaires et 6 molaires ;
- mâchoire inférieure : 2 incisives, 0 canine, 4 prémolaires et 6 molaires.

Les incisives coupent les végétaux : biseautées, elles ont une extrémité tranchante. Lorsque la gueule est fermée, les incisives inférieures sont légèrement en retrait par rapport aux incisives supérieures.

Les prémolaires et les molaires servent à broyer les aliments. Leur surface est donc plutôt plate et sert de table d'abrasion. La mastication s'effectue surtout par des mouvements de va-et-vient d'avant en arrière.

Les dents

Les dents du lapin poussent en permanence (environ 10 à 12 cm par an pour les incisives soit 2 à 3 mm par semaine et 2 à 3 mm par mois pour les molaires) et sont maintenues à longueur constante par une usure continue, assurée à la fois par le frottement des dents les unes sur les autres, par la mastication de foin, d'herbes et de légumes, et par l'action de ronger.

Le saviez-vous ?

La deuxième paire d'incisives présentes à la mâchoire supérieure, caractéristique des Lagomorphes, est peu visible et située en arrière de la première. Vestige de l'évolution, elle ne joue plus aucun rôle.

L'appareil digestif

- **L'estomac**

L'estomac du lapin est une poche dans laquelle se déroule une diges-

L'appareil digestif du lapin

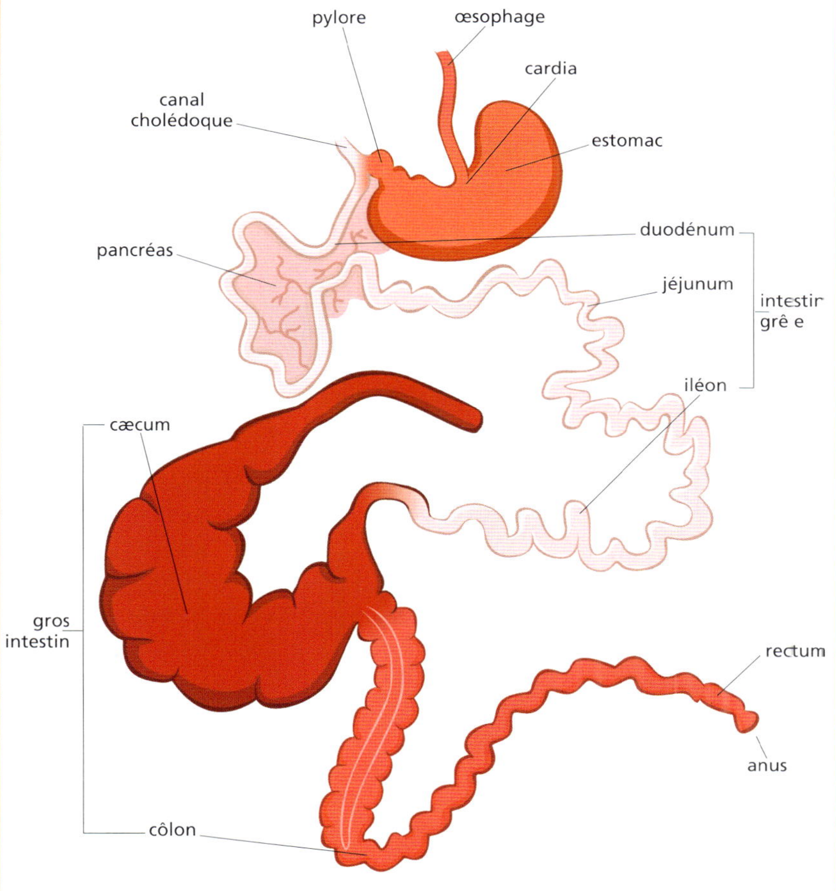

tion mécanique et chimique par l'action d'acides et d'enzymes. Son contenu est très acide (le pH peut descendre à moins de 2).

• L'intestin grêle

L'intestin grêle, très long (près de 2 m chez un lapin nain !), lui succède. La digestion se poursuit dans ses différentes portions (duodénum, jéjunum, iléon).

• Le cæcum

L'intestin débouche dans une sorte de gros réservoir, appelé cæcum, comparable aux « estomacs » de la vache : c'est là que se déroulent les fermentations et que se concentre l'essentiel de la flore bactérienne (qui permet la digestion de la cellulose et la synthèse de divers éléments tels que les vitamines et les protéines). L'équilibre de la flore bactérienne est rompu notamment lors d'un apport insuffisant en fibres et excessif en glucides. Le cæcum est aussi le siège de la cæcotrophie (voir encadré ci-dessous). Le tube digestif se termine par un long côlon (plus de 70 cm chez un lapin nain) dont le rôle est le stockage des crottes et la réabsorption d'eau. Le cæcum et le côlon forment le gros intestin.

• Le pancréas et le foie

Les organes annexes de la digestion sont le pancréas, qui produit des enzymes digestives et l'insuline, et le foie, qui fabrique notamment la bile pour la digestion des graisses.

La cæcotrophie

C'est le phénomène par lequel le lapin prélève le matin, au niveau de son anus, des crottes molles fabriquées la nuit par le cæcum et qu'il ingère.
De couleur verdâtre, ces cæcotrophes contiennent 70 % d'eau, contre 40 à 50 % pour les crottes dures normales. Elles contiennent des éléments qui, parce qu'ils sont fabriqués dans la portion terminale du tube digestif, ne sont pas assimilés. La cæcotrophie permet leur « récupération » au cours d'un second transit digestif. Un lapin qui ne peut consommer ses cæcotrophes (obésité le gênant pour les prélever, paralysie du train arrière…) est exposé à des carences nutritionnelles.
Il ne faut pas confondre la cæcotrophie, qui « optimise » le processus alimentaire, avec l'ingestion de crottes dures, la coprophagie, qui est un comportement anormal.

La digestion

La durée du transit digestif – c'est-à-dire le trajet complet d'un aliment de l'ingestion à l'excrétion – est de 4 à 5 heures. Ce qui explique pourquoi les changements alimentaires doivent être très progressifs : le tube digestif et tout son équipement (sucs gastriques, enzymes, bactéries) doivent pouvoir « s'adapter » aux nouveaux aliments.

Tout changement brutal peut déclencher une diarrhée, potentiellement grave.

Le régime alimentaire

Le lapin est strictement végétarien (il ne mange que des végétaux) et surtout herbivore (il consomme principalement des herbes). Sa ration alimentaire ne doit donc comporter aucune protéine animale.

Elle doit être composée de foin, de granulés du commerce, de végétaux frais et d'eau, et couvrir les besoins en eau, lipides (graisses), glucides (sucres), protéines, vitamines, minéraux et oligoéléments.

Un aliment essentiel, le foin

Le foin joue un rôle central pour la santé de votre lapin. On en trouve de différentes provenances dans les animaleries, mais la qualité est très variable d'un paquet à l'autre. Mieux vaut apprendre à reconnaître un bon foin pour faire un bon achat…

L'importance du foin

Le foin est un aliment sain que votre lapin prend plaisir à consommer. Il est essentiel à deux titres :

– C'est un élément nutritif pour les bactéries de sa flore digestive, et les fibres qu'il contient stimulent le transit. Il est donc essentiel à une bonne digestion et limite les risques de constipation, d'occlusion digestive et de diarrhée.

– Il joue un rôle important dans l'usure dentaire, car il oblige le lapin à mastiquer longuement. Il participe ainsi à la prévention des malocclusions dentaires. Il doit représenter 70 % de la ration alimentaire.

Les différents types de foin

Le foin est un mélange d'herbes de prairie séchées, comprenant notamment des graminées et des légumineuses (trèfle…). De nombreuses appellations fleurissent sur les paquets de foin, selon le type de coupe, les herbes qui le composent et son origine : foin de pâturage, foin de Crau, foin suisse, foin de montagne, foin de luzerne, regain…

Des foins à visée médicale sont actuellement disponibles. Contenant des plantes médicinales, ils peuvent être prescrits lors de troubles digestifs, respiratoires, dentaires et cutanés. Des foins pauvres en calcium (Timothy) sont à privilégier lors de trouble urinaire.

Choisir le bon foin

Tout d'abord, sachez que la notoriété d'une marque ou les qualités vantées sur l'emballage ne garantissent pas nécessairement la qualité du foin… Achetez un foin de qualité supérieure, même s'il coûte plus cher que le paquet bas de gamme, car le bénéfice pour la santé de votre petit compagnon sera considérable.

Optez, si possible, pour un foin « bio », c'est-à-dire cultivé sans engrais chimiques ni pesticides (c'est souvent le cas des foins de montagne et d'alpage), et préférez un

Les foins « artisanaux »

Certains propriétaires de lapin s'approvisionnent en foin auprès de clubs hippiques, d'agriculteurs ou d'éleveurs de bovins. Assurez-vous que ce foin répond bien aux règles de qualité ci-contre : c'est rarement le cas du foin destiné aux bovins. De plus, en récoltant vous-même des herbes sèches dans les champs pour faire votre foin, vous risquez, entre autres, de ramener chez vous des puces vectrices du virus de la myxomatose.

Le bon foin

- Sec sans être desséché
- Sans poussière
- Odeur végétale agréable
- Fibres bien vertes et fines
- Foin composé de plantes variées, mais comportant peu ou pas du tout de luzerne
- Issu de l'agriculture biologique
- Regain de montagne
- Moyennement compacté

Le foin à éviter

- Humide
- Poussiéreux
- Odeur de moisissure ou de pourriture, pas d'odeur (foin trop vieux ou mal conservé)
- Foin jaune, fibres grossières, très irrégulières, épines
- Foin de luzerne
- Traité avec des engrais chimiques ou des pesticides
- Très compacté

regain (qui correspond à la repousse après la première coupe), en raison de sa grande qualité nutritionnelle. Je déconseille les foins de luzerne, dont la consommation excessive prédispose à la formation de calculs urinaires.

Un fourrage de qualité « se voit et se sent ». Regardez si le paquet contient de la poussière. Si c'est le cas, ne le prenez pas, car celle-ci favorise l'apparition des maladies respiratoires et oculaires. Évitez également le foin trop compacté, difficile à distribuer. Pressez le paquet entre vos mains pour évaluer le degré de compactage. Privilégiez le foin sec constitué de fibres fines et bien vertes. Sentez-le : il doit dégager une bonne odeur d'herbes. Après l'achat, ouvrez le paquet et vérifiez qu'il est exempt de toute trace d'humidité ou de moisissure.

La distribution

Une fois distribué dans la cage et en contact avec l'air, le foin perd rapidement ses qualités et son appétence. Il est donc moins consommé. Si vous l'utilisez en guise de litière ou si vous le placez au sol dans un coin de la cage, votre lapin risque de se coucher dessus et de le souiller par ses urines ou ses excréments. C'est pourquoi il faut le déposer dans un râtelier placé à l'extérieur de la cage avec une bâche à foin.

Un lapin nain consomme trois à quatre poignées de foin par jour, à distribuer matin et soir pour qu'il conserve sa bonne odeur.

La conservation

Stockez votre foin dans un lieu frais et sec pour qu'il conserve toutes ses qualités. Conservé dans un endroit trop chaud, il risque de s'assécher et de jaunir. Dans un endroit trop humide, il va au contraire pourrir et moisir. Refermez bien le paquet après ouverture : utilisez par exemple des clips destinés à la fermeture de paquets de croquettes pour chien ou chat.

Trois qualités de foin

Bonne qualité : bien vert, avec des fibres fines et longues, non poussiéreux.

Qualité médiocre : la dominante jaune grisâtre indique un foin trop vieux.

Mauvaise qualité : foin jaunâtre très haché et poussiéreux.

Des granulés de qualité

Il existe une telle variété de granulés qu'il est parfois difficile de se décider. La qualité de l'alimentation de votre lapin étant l'un des facteurs déterminants de sa bonne santé, voici quelques conseils pour faire le meilleur choix.

Les différents types d'aliments industriels

On trouve deux grandes catégories d'aliments industriels pour lapins : les mélanges et les aliments complets.

• Les mélanges

Les mélanges associent graines, légumes et fruits séchés, et petits bouchons. Cette formule appétissante et colorée semble attractive, mais je ne la conseille pas car elle est souvent trop riche et car le lapin trie en général les aliments, consommant ceux qu'il préfère (souvent les plus gras) et délaissant les autres. Un gâchis regrettable pour votre porte-monnaie mais surtout néfaste pour l'animal. La ration réellement consommée s'avère très déséquilibrée et induit des carences (le plus souvent en fibres, d'où des troubles du transit), ou des excès (notamment en graisses, d'où une prise de poids).

• Les aliments complets

Je recommande plutôt la distribution d'un aliment complet sous forme de granulés, tous identiques d'aspect, n'autorisant pas le tri.

Les granulés – on parle aussi de bouchons, de pellets ou de granulés d'extrudés (aliments rendus plus

Des mélanges « tous rongeurs » ?

On trouve parfois des aliments dits « tous rongeurs » dont l'emballage montre la photo d'un lapin, d'un cochon d'Inde et d'un hamster. Mais le lapin n'est pas un rongeur, leurs besoins et leur régime alimentaire diffèrent beaucoup ! Choisissez bien un aliment spécifiquement conçu pour les lapins.

Les règles d'or de l'utilisation des granulés

- Acheter des aliments spécifiquement formulés pour le lapin de compagnie.
- Privilégier les granulés complets sous forme d'extrudés plutôt que les mélanges de graines.
- Vérifier la date de péremption, la nature des ingrédients et l'analyse moyenne de l'aliment.
- Choisir des petits paquets et les conserver correctement fermés au sec, à l'abri de l'air et de la lumière.
- Distribuer les granulés sans dépasser 20 g/kg/jour matin et soir dans une écuelle solide et stable.

Les mélanges variés et colorés semblent appétissants, mais ils favorisent le tri et la ration risque de ne pas être équilibrée. Il faut leur préférer les granulés simples sous forme d'extrudés.

digestes par une précuisson) – sont souvent composés de son, de luzerne, d'orge, de blé et de soja. Les ingrédients sont énoncés sur le paquet par ordre de quantité décroissante, mais le pourcentage de chacun d'entre eux est hélas rarement précisé. Les granulés ne contiennent généralement ni légumes, ni fruits, et doivent donc être impérativement complétés par des aliments frais (voir pp. 68-69).

Savoir lire les étiquettes

Il faut d'abord éliminer les aliments « multi-espèces » et choisir un aliment spécifiquement formulé pour les lapins.

Le saviez-vous ?

Les granulés pour lapins d'élevage sont déconseillés pour le lapin de compagnie, car leur composition a pour but un engraissement du lapin sur une courte période avant sa consommation.

Comme pour tout produit alimentaire, contrôlez la date de péremption. Au-delà de cette date, le produit risque de s'altérer et de devenir impropre à la consommation, et sa teneur en vitamines n'est plus garantie.

Examinez la liste des ingrédients. Écartez les aliments contenant essentiellement des végétaux sous forme de farines (plus pauvres en fibres), de sous-produits d'origine végétale ou de mélasses. Éliminez aussi les aliments comportant des substances animales (généralement sous forme de graisses, de laits ou de farines animales), même en petite quantité, car elles n'ont pas leur place dans la ration d'un herbivore strict.

Vérifiez que l'analyse moyenne correspond aux besoins nutritionnels du lapin (voir p. 67). Si l'analyse moyenne ou la composition n'apparaissent pas, n'achetez pas !

Enfin, certaines gammes permettent d'adapter l'aliment à l'âge du lapin.

La place des granulés dans l'alimentation

Les granulés de mauvaise qualité entraînent une prise de poids et des troubles dentaires et digestifs. S'ils sont trop petits ou trop friables, ils favorisent peu l'usure dentaire.

De surcroît, le lapin passe peu de temps à les ingérer – contrairement aux légumes et au foin, qui l'occupent plus longuement, ce qui limite l'ennui, et arrivent plus progressivement dans le tube digestif pour une meilleure digestion. C'est pourquoi je suis plutôt partisan d'une assez faible consommation de granulés, dans le cadre d'une ration globale comportant beaucoup de foin de qualité et des aliments frais. Bon nombre de mes patients s'en passent totalement et ne s'en portent pas plus mal.

Le saviez-vous ?

Des granulés à visée médicale peuvent être prescrits par votre vétérinaires en cas de maladies digestives et urinaires. Leur composition est adaptée à ces troubles et des plantes médicinales entrent dans leur composition.

Les bons pourcentages

L'analyse moyenne de l'aliment doit apparaître en clair sur l'emballage. Elle est exprimée en pourcentage de protéines brutes, matières grasses, cellulose brute (fibres), cendres brutes, humidité, minéraux (calcium, phosphore, sodium…) et de vitamines.
Pour un lapin adulte, on conseille les quantités suivantes : 12-15 % de protéines, moins de 4 % de matières grasses, idéalement plus de 20 % de cellulose brute, moins de 1 % de calcium et 0,4 à 0,8 % de phosphore. Les fibres, comme la cellulose, sont des éléments essentiels de la ration, car ils « nourrissent » la flore bactérienne et entretiennent un transit régulier.

La distribution des granulés

Distribuez chaque jour dans une écuelle propre, en deux fois, la quantité correspondant à la ration quotidienne de votre lapin. Il ne faut pas lui donner à manger pour plusieurs jours à la fois : d'une part, cela peut inciter l'animal à surconsommer, l'exposant à l'embonpoint ; d'autre part, les granulés s'altèrent et perdent de leur appétence (par modification de leur bonne odeur).

De nombreux auteurs considèrent qu'un lapin adulte consomme de 20 à 40 g de granulés par kilo de masse corporelle. Je conseille pour ma part de s'en tenir au bas de la fourchette (20 g/kg), voire de descendre en dessous : il faut naturellement prendre en compte l'activité physique, l'état d'embonpoint et les quantités de légumes et de foin consommées.

La conservation des granulés

Les granulés s'éventent rapidement et perdent leurs qualités nutritives, olfactives et gustatives. Conservez-les dans leur emballage bien fermé, à l'abri de l'air et de la lumière, dans un endroit sec.

Évitez d'acheter de trop grandes quantités qui resteront longtemps stockées chez vous et risquent de s'altérer. N'oubliez pas, enfin, de contrôler régulièrement la date de péremption inscrite sur le paquet.

Les bons **aliments frais**

Les aliments frais sont essentiels dans la ration alimentaire du lapin, mais il est important de bien les choisir et de bien les distribuer pour éviter les troubles digestifs, parfois graves, que certaines erreurs peuvent entraîner.

Les légumes et la verdure

Le lapin doit consommer une grande quantité d'herbes et de légumes, qui lui apportent notamment fibres (nécessaires à un bon transit digestif), vitamines et minéraux. Ils nécessitent de surcroît une longue mastication qui contribue à une bonne usure dentaire. Outre les légumes, votre lapin appréciera certaines herbes cueillies au jardin : pissenlits, trèfle… (voir liste ci-contre).

Les fruits

Le lapin est avant tout un herbivore et non un frugivore. Les fruits sont les bienvenus dans sa ration, mais en très petite quantité (moins de 10 % des aliments frais). En raison de leur richesse en sucres, ils risquent de perturber la flore digestive (d'où des diarrhées et une production excessive de gaz dans les intestins) et de favoriser l'embonpoint du lapin.

Tout comme son cousin sauvage, le lapin domestique est herbivore.

Les 10 règles d'or pour les aliments frais

1. Les végétaux doivent être frais. Mieux vaut les distribuer en deux prises, afin qu'ils ne s'altèrent pas et que le lapin ne s'en gave pas.
2. Ils doivent être à température ambiante lors de la distribution.
3. Lavez-les, afin qu'ils soient propres et débarrassés d'éventuels résidus de pesticides.
4. Ne donnez jamais de végétaux mouillés ou humides. Essuyez-les après leur nettoyage.
5. Déposez les végétaux dans une écuelle (lourde, en terre cuite ou céramique), pour que le lapin ne les souille pas.
6. Retirez les aliments abîmés ou fanés, notamment l'été, lorsque la chaleur les dégrade rapidement.
7. Le lapin doit être habitué peu à peu aux aliments frais. Une transition progressive est impérative : incorporez un petit morceau du nouvel aliment dans sa ration, puis contrôlez ses crottes. Si tout va bien, augmentez graduellement les doses sur une période de 1 à 2 semaines. Lorsqu'un jeune lapin ou un nouveau venu arrive chez vous, attendez un mois avant de commencer à lui donner des aliments frais. Une fois accoutumé, il pourra en consommer en plus grande quantité.
8. Diversifiez les aliments frais pour que la ration soit riche et variée. Mieux vaut offrir trois ou quatre végétaux différents en petite quantité qu'un seul en grande quantité.
9. Ne donnez jamais de plantes d'ornement (ficus...) ni de plantes cueillies sur le bord des routes ou dans un jardin traité avec des herbicides ou autres pesticides.
10. Ne distribuez pas de végétaux en conserve ni congelés.

Le saviez-vous ?

Si vous laissez votre lapin gambader dans votre jardin aux beaux jours, n'oubliez pas qu'il en profitera pour se régaler de trèfles et de pissenlits – tenez-en compte dans la ration. Tout changement alimentaire brutal pouvant entraîner des diarrhées, assurez une transition progressive : cueillez quelques trèfles ou pissenlits et donnez-les à votre lapin en intérieur. Si les crottes restent belles, augmentez graduellement les doses. Une fois que votre lapin est capable d'en consommer une bonne quantité sans désordre gastrique, vous pouvez le lâcher, en évitant les heures où la rosée est encore présente sur l'herbe.

Les végétaux recommandés ou à proscrire

Les végétaux recommandés :
Brocolis (petites quantités), carotte, céleri, fanes de radis, batavia, salade romaine, courgette, endive, fanes de carotte, pissenlit (feuilles), pomme, scarole, trèfle, plantain, haricot vert, persil, basilic, menthe, cerfeuil, banane (petites quantités).

Les végétaux à proscrire :
Amarante, avocat, belladone, chêne, choux, colchique, coquelicot, digitale, euphorbe, ficus, fougère, gland, hortensia, houx, laurier, marron, muguet, oignon, orchidée, oxalis, philodendron, pin, pomme de terre, sapin, yucca...

De l'eau fraîche et propre

Sur un sujet aussi simple que la boisson du lapin, il y a beaucoup à dire. La qualité de l'eau a bien sûr son importance, mais c'est surtout à son mode de distribution qu'il faut faire attention.

À boire !

Votre lapin doit avoir à disposition en permanence de l'eau fraîche et propre. Il en consomme quotidiennement 50 à 200 ml par kilo de masse corporelle. Cette quantité varie selon la proportion et la qualité de verdure consommée, mais aussi en fonction de la température ambiante et de l'activité du lapin.

Un lapin qui ne boit pas suffisamment peut souffrir de déshydratation, de constipation et, à long terme, de calculs urinaires, surtout s'il consomme peu de végétaux frais (naturellement riches en eau).

Vous pouvez lui donner de l'eau du robinet si elle est de bonne qualité. Il faut qu'elle soit distribuée à température ambiante.

Le biberon

C'est le mode de distribution à privilégier car l'eau est à l'abri des souillures et ne risque pas d'être renversée dans la litière. Le biberon doit être installé bien verticalement et à l'extérieur de la cage, afin que le lapin ne puisse pas le heurter et le détériorer, ni se blesser.

Pour boire, le lapin pousse avec sa langue la petite bille qui obstrue l'extrémité de l'embout – l'eau peut alors passer.

Un lapin qui n'est pas habitué au biberon n'en comprend pas forcément le fonctionnement. Placez-le devant et appuyez sur la bille pour faire perler quelques gouttes d'eau sur votre doigt et lui montrer que c'est là qu'il pourra se désaltérer. Poussé par la soif, il devrait rapidement essayer de boire à l'embout et trouver son fonctionnement. Vérifiez que c'est bien le cas en contrôlant le niveau du biberon, qui doit baisser régulièrement.

L'entretien du biberon

L'eau doit être renouvelée régulièrement – idéalement tous les jours. Nettoyez souvent le biberon, au moins une fois par semaine. Il arrive que le calcaire présent dans l'eau du robinet se dépose sur les parois intérieures de l'embout et bloque la bille, empêchant le lapin

de s'abreuver, ou au contraire laissant l'eau suinter et souiller la litière. Contrôlez donc régulièrement le bon fonctionnement du biberon.

La gamelle d'eau

Elle présente de nombreux inconvénients et ne doit être employée que par défaut :

– Il y a de bonnes chances pour que le lapin la renverse, au moins en partie, détrempant sa litière. Cette humidité, peu confortable, peut de surcroît être à l'origine d'une dermatite ventrale ou d'une inflammation des extrémités des pattes.

– L'eau risque d'être rapidement souillée (urines, selles ou nourriture).

– Le lapin peut développer une inflammation de la peau du menton qu'il se mouille en buvant.

Si vous choisissez néanmoins ce mode d'abreuvement, préférez une gamelle lourde (terre cuite, céramique...) et fixez-la à l'aide d'un cerclage métallique accroché aux barreaux de la cage.

Changez l'eau tous les jours et nettoyez la gamelle fréquemment.

↑ Lorsqu'il boit au biberon, le lapin pousse la bille pour laisser l'eau goutter sur sa langue. Souvent, il relève ensuite la tête et mâchonne. Il se lèche parfois les lèvres pour récupérer les gouttelettes qui s'y sont déposées.

Le saviez-vous ?

En cas de calcul urinaire, votre vétérinaire vous conseillera d'utiliser une eau en bouteille pauvre en calcium. L'adjonction de quelques gouttes de jus de fruit peut inciter le lapin à boire plus par « gourmandise ».

Les vitamines et les minéraux

S'il reçoit une alimentation variée et de qualité, votre lapin y trouve en principe les vitamines et minéraux dont il a besoin. Un complément peut toutefois être recommandé par votre vétérinaire dans certains cas.

Les vitamines

Le lapin trouve les vitamines dont il a besoin dans les végétaux, le foin et les granulés qu'il consomme, mais aussi dans les cæcotrophes (voir p. 62), ces crottes molles fabriquées la nuit par le cæcum.

Une complémentation en vitamines est inutile si sa ration alimentaire est variée et équilibrée. Les compléments vitaminés peuvent même s'avérer parfois dangereux : un excès de vitamine D, par exemple, risque de conduire à une minéralisation de certains organes tels que le foie et les reins.
Réservez donc ces compléments aux baisses de forme et aux périodes de convalescence. Votre vétérinaire vous indiquera le supplément le plus adapté à la situation, et les doses nécessaires.

Une cure s'effectue généralement directement dans la gueule, ou par l'adjonction quotidienne d'une solution vitaminée dans l'eau de boisson. Les vitamines étant altérées par la lumière, il est inutile d'ajouter dans un grand biberon une dose pour plusieurs jours.

Les minéraux

Tout comme les vitamines, les minéraux sont présents en quantité suffisante dans une alimentation de qualité. Ils assurent l'entretien du squelette (calcium), le transport de l'oxygène par l'hémoglobine (fer), etc. Une supplémentation minérale est donc en principe inutile si la ration est équilibrée.

Vous trouverez dans le commerce des blocs minéraux dont l'utilisation est dangereuse, car ils exposent à des excès, qui ne sont pas sans conséquences. En cas d'excès de calcium, par exemple, le lapin peut développer des calculs urinaires. Le rôle de ces blocs minéraux dans l'usure dentaire est parfois avancé par les fabricants comme argument de vente. Un argument fallacieux, car cette usure est assurée par le foin que vous ne manquerez pas de donner en quantité suffisante, et par un petit rondin de noisetier que vous aurez pris soin de mettre à disposition de votre lapin.

Attention, certains compléments vitaminés contiennent également des minéraux. Il faut s'en méfier.

Les vitamines et leur rôle

Vitamines	Principaux rôles	Symptômes en cas de carence
Vitamine A	Vision, reproduction, régénération des muqueuses, croissance osseuse	Troubles oculaires, altération de la peau, troubles de la croissance et de la reproduction
Vitamine B1	Métabolisme des glucides	Baisse d'appétit et de poids, retard de croissance, troubles nerveux
Vitamine B2	Composant de coenzymes	Troubles nerveux, altération de la peau et du pelage
Vitamine B3	Composant de coenzymes	Baisse d'appétit, retard de croissance, dermatite, convulsion, anémie
Vitamine B6	Composant d'enzymes, action sur la peau et le pelage	Dermatite, convulsion, malformation fœtale
Vitamine B12	Métabolisme des protéines, fabrication des cellules sanguines	Anémie, malformation fœtale
Vitamine C	Antistress, résistance aux infections	Anorexie, retard de croissance, amaigrissement, hémorragie, altération de la dentition
Vitamine D	Métabolisme du calcium et du phosphore	Rachitisme, malformation osseuse
Vitamine E	Antioxydant, rôle dans la fertilité	Retard de croissance, troubles nerveux, stérilité, avortement, malformation fœtale
Vitamine K	Coagulation sanguine	Hémorragies

Carences et excès en minéraux

Minéraux	Symptômes en cas de carence	Symptômes en cas d'excès
Calcium	Rachitisme	Dépôt de calcium sur divers organes, calculs urinaires
Phosphore		Carence en calcium
Magnésium	Dépôt de calcium sur divers organes	
Fer	Anémie	
Cuivre	Anémie	
Zinc	Atteinte de la peau et de la reproduction, retard de croissance	Carence en calcium et en cuivre
Manganèse	Troubles de la croissance et de la reproduction	
Iode	Retard de croissance, troubles de la reproduction	
Sélénium	Atteinte squelettique et cardiaque	Atteinte hépatique et rénale

Le maintenir au bon poids

Si votre lapin ressemble à une grosse boule de poils, il est peut-être temps de le mettre au régime. Contrôler son poids est essentiel. Pour lui épargner les pénibles conséquences de l'embonpoint, il faut veiller à équilibrer sa ration alimentaire et lui permettre de prendre régulièrement de l'exercice.

Surpoids et santé

Des carences nutritionnelles, notamment en vitamines, touchent les lapins trop gros devenus incapables de prélever leurs cæcotrophes au niveau de l'anus (voir p. 62).

Un lapin trop lourd est prédisposé aux affections du dessous des pattes (pododermatite), aux troubles cardiaques et à l'inflammation de la peau du ventre, souillée par les urines et la litière. Il sera également plus invalidé si un jour se développe une boiterie ou une arthrose.

Une consommation excessive de sucre, d'amidon et d'hydrates de carbone (pain) peut se répercuter sur la flore bactérienne digestive du lapin, provoquant gaz et diarrhée.

L'espérance de vie d'un lapin obèse est écourtée et, lors d'une maladie, il est plus fragile qu'un sujet de gabarit normal.

Mais la principale, et la plus redoutable, conséquence de l'obésité est une atteinte hépatique. En effet, le foie ayant accumulé des graisses (lipidose hépatique) ne fonctionne plus normalement. Le lapin est alors exposé à une insuffisance hépatique grave.

Poids et comportement

Un lapin obèse se déplace moins et a plus de mal à faire sa toilette, d'où l'apparition (notamment sur le train arrière) de pellicules, d'un pelage gras et de bourres de poils que vous aurez beaucoup de peine à démêler. Des crottes risquent de s'accumuler au niveau du train arrière.

Soyez raisonnable pour lui

Ne croyez pas que ce qui est bon pour votre lapin d'un point de vue gustatif est forcément bon pour lui d'un point de vue nutritionnel. Songez aussi que si une friandise vous semble dérisoire à votre échelle, elle ne l'est pas à celle de votre lapin. Les besoins et le niveau métabolique ne sont pas comparables, mais faites un petit calcul : si un lapin nain de 1,5 kg mange un demi-carré de chocolat, combien de chocolat consommerait un homme de 70 kg toutes proportions gardées ? La réponse est 23 carrés !

Vous trouverez dans le commerce de nombreuses friandises pour lapin : elles sont inutiles et contribuent à sa prise de poids. Leur composition est souvent aberrante pour un herbivore – sucre, miel, yaourt, lait… Vous pouvez offrir à votre lapin, de temps en temps, un raisin sec, un petit morceau de fruit ou un morceau de légume déshydraté, vendu en animalerie. Plusieurs marques vous proposent des sachets de plantes séchées tout à fait adaptées.

Le saviez-vous ?

Les friandises à proscrire :

- Votre lapin est végétarien, interdisez-lui donc tout ce qui contient des substances animales : certaines friandises, produits lactés, pâtes aux œufs…
- Bannissez les aliments riches en sucre (bonbon, gâteau, flocons de céréales sucrées pour le petit déjeuner, jus de fruit…) et limitez la consommation de certains fruits (bananes et raisins secs).
- Éliminez les aliments trop riches en matières grasses : graines de tournesol, pâte à tartiner à la noisette, chocolat…

Surveillez son poids

Pesez votre lapin au moins une fois par mois. Sinon, vous risquez de passer à côté d'une variation anormale de poids, surtout si vous manipulez assez peu votre lapin, car le volume de poils cache souvent ses rondeurs ou sa maigreur. Notez le poids sur le carnet de santé. Vous pourrez ainsi repérer rapidement toute prise de poids et adopter les mesures qui s'imposent, mais également remarquer une chute de poids, parfois révélatrice d'une maladie évoluant insidieusement. Présentez la courbe de poids et de croissance de votre lapin à votre vétérinaire lors des consultations.

Lutter contre l'obésité

Choisissez des granulés et du foin de qualité (voir pp. 63 à 67), apportez une bonne proportion de verdure, limitez les friandises et accordez beaucoup de liberté à votre lapin pour l'inciter à se dépenser.

Si votre lapin est trop gros, vous devez instaurer un régime, mais de façon très progressive. Remplacez son mélange de graines par un mélange de granulés adapté, en l'incorporant graduellement dans sa ration alimentaire sur une période de 1 à 2 semaines. Augmentez progressivement la proportion de verdure et de foin par rapport à celle des granulés, tout en vérifiant que les crottes sont belles. Supprimez les friandises et les fruits, et offrez-lui plus de liberté, pour qu'il bouge. Pesez-le chaque semaine : son poids doit baisser lentement et régulièrement.

Votre vétérinaire pourra également vous conseiller des granulés de régime et un rééquilibrage de la ration alimentaire de votre compagnon avec notamment une augmentation de la proportion de foin. N'oubliez pas d'augmenter son exercice physique.

Au pain sec ?

De nombreuses personnes donnent du pain sec à leur lapin en pensant que cela contribuera à l'usure dentaire. Mais le pain est ramolli par la salive et n'aide aucunement à l'usure : mieux vaut le remplacer par un petit rondin de noisetier que vous trouverez en animalerie.

CHAPITRE 6

La reproduction de votre lapin

Avant la rencontre

Vous souhaitez laisser votre lapin se reproduire ? Voici quelques connaissances indispensables pour faire vos premiers pas en cuniculture et bien préparer la rencontre des futurs parents.

Reconnaître les sexes

Il n'y a pas de caractère sexuel secondaire facilement observable chez le lapin : rien ne permet de distinguer un mâle d'une femelle au premier coup d'œil. Un examen de la région ano-génitale (zone située à proximité de l'anus et de l'orifice sexuel) est donc nécessaire pour les distinguer. Chez le mâle adulte, les testicules, placés en avant et de part et d'autre du pénis, sont faciles à observer. La peau des bourses, nommée scrotum, est de couleur rose et n'est pas recouverte de poils.

Le sexage est plus délicat chez les jeunes, car les testicules restent dans l'abdomen jusqu'à l'âge de 3 mois environ. La distance entre l'anus et l'orifice génital est légèrement plus importante chez le mâle. La technique la plus fiable consiste à appuyer légèrement de part et d'autre de l'orifice génital, ce qui permet d'observer, chez la femelle, une petite fente, orientée dans l'axe du corps, correspondant à l'entrée du vagin, ou d'extérioriser, chez le mâle, le pénis, rosé et de section ronde.

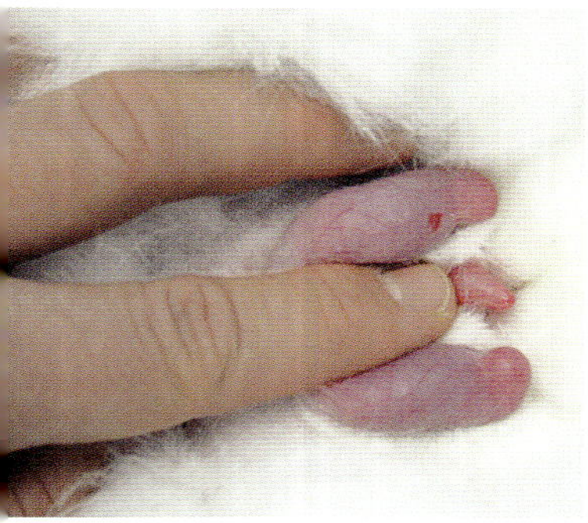

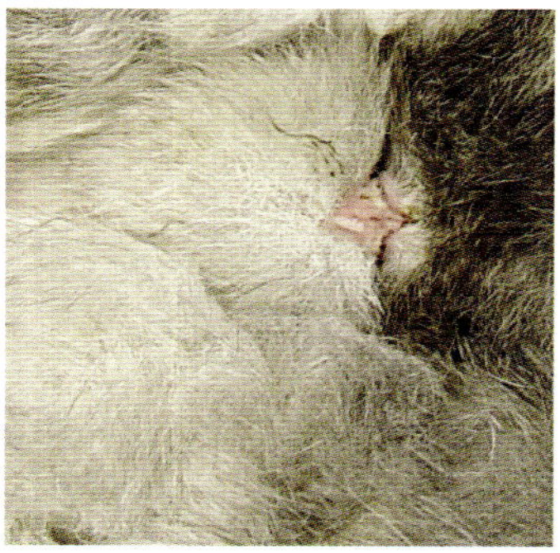

À gauche : mâle ; à droite : femelle.

La puberté

L'âge de la puberté chez le lapin dépend de son gabarit. Les petites races sont plus précoces que les grandes : la maturité sexuelle survient entre 4 et 5 mois chez les petites races, entre 4 et 6 mois pour les races moyennes, et entre 5 et 8 mois pour les grandes races. À gabarit égal, les femelles sont généralement plus précoces que les mâles – et certaines peuvent s'avérer plus précoces que la moyenne.

À la puberté, sous l'influence des hormones, un changement de comportement touche aussi bien le mâle que la femelle. Bien que cela ne soit pas systématique, le lapin peut se mettre à marquer son territoire, devenir plus agressif et faire preuve d'ardeurs sexuelles.

Le bon moment

Le lapin peut se reproduire toute l'année. La lapine, elle, est réceptive et accepte l'accouplement plusieurs fois par an (on parle de polyœstrus). Il n'y a donc pas de « saison » sexuelle, ce qui permet de choisir le moment de l'année le plus opportun pour la reproduction – et pour l'adoption des jeunes. Pendant les grandes vacances, par exemple, sachez qu'il n'est pas facile de placer des lapereaux.
Choisissez donc le moment de l'accouplement en sachant qu'il faut prévoir 1 mois de gestation, puis 2 mois avant le sevrage des petits.

Le choix des reproducteurs

Le croisement entre des races différentes est possible mais parfois très déconseillé. Si le mâle est plus gros que la femelle, celle-ci peut avoir des difficultés lors de la mise bas, mieux vaut donc le choisir un peu plus petit qu'elle.

Les deux lapins doivent être en bonne santé. Il est bien de prévoir un bilan de santé chez le vétérinaire avant d'entamer le processus de reproduction. Écartez de la reproduction les lapines âgées de plus de 3-4 ans, trop grosses ou trop maigres, ayant eu une fracture du bassin et les lapins présentant des anomalies morphologiques susceptibles d'être transmises à leur descendance (malformations des dents et des mâchoires, par exemple). La consanguinité, c'est-à-dire le croisement de lapins ayant un lien de parenté, est à proscrire pour éviter l'apparition de tares génétiques.

Comment gérer la reproduction ?

Si vous possédez un couple, sans une bonne gestion de la reproduction, vous serez rapidement submergé de lapereaux. Vous pouvez maintenir ensemble des lapines – mais pas plusieurs mâles entiers car de violents combats risquent d'éclater. Une lapine et un mâle vivront bien ensemble si les deux sont stérilisés (un mâle entier risque de harceler une femelle stérilisée).

Contraception et stérilisation

Il est possible de stériliser temporairement un animal en bloquant ou en supprimant son cycle sexuel par des contraceptifs. Cette méthode chimique, temporaire et réversible, est peu utilisée chez la lapine. On peut également avoir recours à la chirurgie pour stériliser l'animal de façon définitive et irréversible. Je privilégie la stérilisation chirurgicale, que l'on pratique chez les petites races à partir de l'âge de 4 à 6 mois (selon la taille du lapin). Elle permet, lorsqu'elle est pratiquée chez les jeunes adultes, de prévenir l'apparition des tumeurs de l'ovaire, de l'utérus (fréquentes chez cette espèce) ou du tissu mammaire. Pour cette raison, je pense qu'il faut préférer l'ovario-hystérectomie (ablation des ovaires et de l'utérus) à la simple ovariectomie (suppression des ovaires). La stérilisation limite l'agressivité, la territorialité, le marquage urinaire et, chez les mâles, les ardeurs sexuelles effrénées, sans pour autant modifier le caractère du lapin, qui reste joueur et câlin.

La reproduction, un besoin ?

Du point de vue de la santé ou du bien-être moral de votre lapin, mâle ou femelle, la reproduction n'est pas une nécessité. Il n'est pas non plus indispensable d'accorder une portée à une femelle avant de la faire stériliser. Pour finir, n'oubliez pas que trop de lapins sont abandonnés dans les refuges.

La rencontre

Pour que l'accouplement se déroule bien, il faut choisir le bon moment et présenter les lapins dans de bonnes conditions. Il ne reste alors qu'à assister discrètement aux ébats, pour s'assurer que le couple s'entend bien et que l'acte est consommé…

Notez la date

Prenez soin de noter la date de l'accouplement pour savoir quand aura lieu la mise bas. C'est indispensable pour détecter tout dépassement anormal du terme.

Le bon moment

Pour repérer les périodes de réceptivité de la lapine, durant lesquelles elle accepte l'accouplement, observez son comportement. Elle a tendance à marquer davantage son territoire. Sa vulve est légèrement gonflée et rouge. Parfois elle cambre le dos et relève le train arrière lorsque vous posez une main sur son dos, mais cette attitude n'est pas systématique. La lapine n'a pas de menstruation ; toute perte sanguine doit être considérée comme pathologique.

Si un mâle lui est présenté en dehors d'une période de réceptivité, la lapine risque de se montrer assez agressive.

Attention, si l'accouplement induit une ovulation, la fécondation n'est pas systématique. Il se peut donc que la lapine ne soit pas pleine, même si l'accouplement a bel et bien eu lieu.

Le lieu

Mieux vaut que la rencontre se déroule sur le territoire du mâle, car la femelle, ayant souvent un instinct territorial plus développé, risque de défendre son territoire.

Pour favoriser une bonne rencontre, limitez le stress des deux compagnons en les plaçant dans une ambiance calme.

Le saviez-vous ?

En matière de reproduction, les rongeurs et les lapins de compagnie se divisent en deux groupes : les espèces nidicoles (lapin, rat, souris, hamster, gerbille, écureuil de Corée) et les espèces nidifuges (cochon d'Inde, chinchilla octodon). Chez les nidicoles, les petits naissent nus et aveugles. Chez les nidifuges, qui, à l'état naturel, vivent dans des environnements hostiles, la gestation est plus longue et les nouveau-nés, pourvus de poils, les yeux ouverts et rapidement capables de se déplacer, sont beaucoup plus autonomes.

La parade et l'accouplement

La parade nuptiale correspond à l'ensemble des comportements qu'adopte un mâle pour séduire une femelle. Elle est très brève chez cette espèce : au mieux, le lapin tourne autour de la femelle, la sent, frotte son menton sur elle et lance parfois un jet d'urine.

Si la lapine se montre agressive, séparez le couple et tentez une nouvelle présentation ultérieurement.

Si la lapine l'accepte, l'accouplement est très rapide : elle s'aplatit, relève sa croupe, puis le mâle la chevauche en se cramponnant à son abdomen avec les pattes avant.

L'ovulation et la fécondation

La reproduction du lapin a ceci de particulier que l'accouplement déclenche l'ovulation (l'émission dans l'utérus d'un ovule produit par un ovaire). La fécondation survient lorsqu'un spermatozoïde pénètre dans l'ovule.

Chez le lapin, comme chez tous les mammifères, elle a lieu dans les voies génitales femelles : on parle de fécondation interne. Chaque fœtus a son propre placenta. La lapine possède deux cornes utérines lui permettant d'accueillir un grand nombre de fœtus.

Gare aux gestations précoces

Il ne faut pas confondre la maturité sexuelle de la lapine, c'est-à-dire l'âge à partir duquel elle est physiologiquement capable de se reproduire, et l'âge conseillé pour la mise à la reproduction.

En effet, lorsque la lapine arrive à la puberté, sa croissance n'est pas achevée. Une gestation pendant la croissance est dangereuse et risque de l'épuiser. Il est préférable d'attendre la fin de la croissance, vers 7-8 mois pour les petites races. Pour éviter des gestations trop précoces, il est donc impératif de séparer rapidement les jeunes lapins après leur sevrage.

La gestation et la mise bas

La gestation et la mise bas se déroulent le plus souvent sans problème. Dans la plupart des cas, elles ne nécessitent qu'un peu de patience et une surveillance discrète.

La gestation

La gestation dure en moyenne de 30 à 32 jours, mais peut varier de 29 à 35 jours. Il n'existe pas de test de grossesse sanguin pour les lapines et le diagnostic de gestation est délicat en raison de la petite taille de la femelle. Il se fait par palpation douce des fœtus par le vétérinaire ou radiographie et échographie.

Les soins de la lapine pendant la gestation

La lapine pleine doit être séparée du mâle et placée dans un environnement calme, favorable au bon déroulement de sa gestation.

Elle doit également recevoir une bonne alimentation et disposer d'eau propre et fraîche en permanence. En été, veillez à la protéger de la chaleur.

Vous pouvez continuer à la manipuler et à la caresser, à condition qu'elle y soit habituée et qu'elle l'accepte sans stress. Évitez cependant de la déranger dans la semaine qui précède la mise bas et n'appuyez pas sur son ventre.

Les maladies de la gestation

Les avortements et les morts fœtales sont possibles, mais assez rares chez la lapine. La toxémie de gestation, peu fréquente mais grave, touche parfois les lapines dans les dernières semaines de gestation ou les premiers jours d'allaitement. Elle se traduit par un abattement profond et parfois des convulsions. Elle se rencontre surtout chez les lapines en surpoids, soumises au stress ou recevant une ration alimentaire inadaptée – d'où l'importance de ne pas mettre à la reproduction une lapine obèse et de prévenir tout stress pendant la gestation.

La préparation du nid

Il est important d'installer une cachette dans un coin propre et d'y placer du foin. Elle fera office de nid lors de la mise bas et permet à la lapine de s'isoler, donc d'être moins exposée au stress.

Peu de temps avant la mise bas, la lapine s'arrache, avec les dents, des poils du ventre et du cou qu'elle amasse dans le nid, avec du foin. Le nid, avec sa « doublure » de fourrure, assure aux nouveau-nés, dépourvus de poils, une protection thermique essentielle.

La mise bas

La mise bas, qui survient plutôt la nuit ou le matin, se déroule le plus souvent sans encombre. Elle dure de 30 minutes à 2 heures, un intervalle d'une dizaine de minutes séparant chaque naissance.

Laissez faire la nature et contentez-vous de surveiller de temps en temps que tout se passe bien. Résistez à la curiosité – et à l'inquiétude – et ne restez pas près de la future mère. Votre présence est inutile et risque de la gêner. Chaque nouveau-né apparaît entouré de son placenta, que la lapine ingère après avoir sectionné le cordon ombilical. Si vous constatez qu'hélas un ou plusieurs petits sont morts, retirez-les rapidement du nid.

Une lapine primipare (mettant bas pour la première fois) est souvent moins prolifique qu'une lapine multipare (ayant déjà eu plusieurs portées). Il arrive même qu'elle n'ait qu'un seul petit. Elle marque de son odeur sa progéniture à l'aide des glandes de son menton.

Lorsque la mise bas se passe mal...

Il arrive, mais c'est rare, que la lapine soit dans l'incapacité de mettre bas (on parle de dystocie). Cela peut provenir des fœtus (fœtus mort, trop gros pour passer...) ou de la mère (bassin trop étroit, absence de contractions utérines, infection utérine, obésité...).

Si votre lapine, arrivée à terme, reste prostrée, ou contracte en vain son abdomen, si elle a des pertes vaginales sans que les petits sortent, ou si le terme est dépassé (plus de 35 jours), consultez en urgence votre vétérinaire.

Même lorsqu'une mise bas se déroule correctement, il n'est pas inutile que le vétérinaire contrôle qu'il ne reste aucun fœtus mort dans l'utérus.

Le saviez-vous ?

La grossesse nerveuse, également appelée pseudogestation, dure 14 à 17 jours. La lapine se comporte comme si elle était gestante : elle prépare son nid et peut avoir une montée de lait. La pseudogestation peut survenir à la suite de l'accouplement avec un mâle stérile (10 à 15 jours après l'accouplement) ou si la lapine se fait chevaucher par une autre lapine.

Lors de la confection du nid, la lapine peut déplacer une grande quantité de foin dans sa gueule.

Une belle portée de lapereaux !

Vous voici en présence d'une portée d'adorables lapereaux. Ils vont se développer rapidement et, si tout va bien, vous n'aurez guère à intervenir – mais préoccupez-vous de bonne heure de leur placement !

Les nouveau-nés et leur développement

Le nombre de lapereaux est de deux à cinq pour les races naines, généralement moins prolifiques que les plus grands lapins. Leur poids varie de 30 à 40 g. Les petits sont nidicoles : ils naissent aveugles, nus, les yeux et les oreilles fermés, donc totalement dépendants de leur mère. Ils cherchent à téter au bout de quelques minutes.

Leur croissance est rapide : le lapin nain pèse environ 40 g à la naissance, 200 g à 1 mois et 500 g à 3 mois. Ne touchez pas les lapereaux, car cela pourrait inciter leur mère à les rejeter, ou provoquer du cannibalisme (voir encadré ci-dessous). Attendez que les petits sortent du nid pour les manipuler. Si vous les conservez longtemps après leur sevrage, séparez les mâles des femelles rapidement – dès l'âge de 3 mois pour les races naines – afin qu'ils ne se reproduisent pas.

Le saviez-vous ?

On parle de cannibalisme lorsqu'un animal tue et consomme l'un de ses congénères. Il arrive ainsi qu'une lapine tue et parfois ingère ses petits. Cela se produit si elle sent sur eux une odeur qui n'est pas la sienne – à la suite de leur manipulation par l'homme, par exemple. Cette forme de cannibalisme, qui survient plutôt lors de la première portée, peut également être déclenchée par le stress : bruit, agitation autour de la cage, alimentation et boisson inadaptées ou insuffisantes…

L'allaitement et le sevrage

• L'allaitement

La lapine n'allaite ses petits qu'une à deux fois par jour. Pour cela, elle rentre dans le nid et se place au-dessus de sa portée. Elle possède quatre paires de mamelles.

• Le sevrage

Les lapereaux peuvent commencer à consommer des aliments solides (granulés et foin) à partir de la troisième semaine et sont sevrés au bout de 4 à 6 semaines.

Le sevrage doit impérativement se faire naturellement et progressivement pour éviter les diarrhées. La lactation est entretenue par la tétée : quand les lapereaux commencent à consommer des aliments solides, ils tètent de moins en moins,

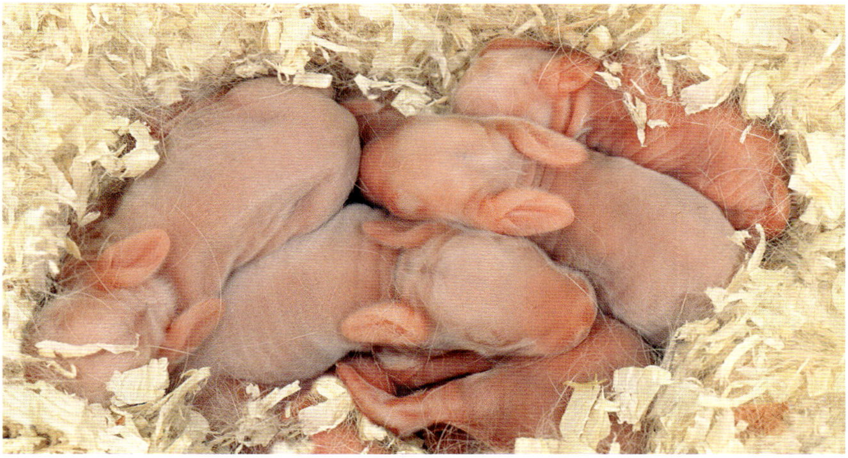

Nus et aveugles à la naissance, les lapereaux se couvrent de poils à partir du 5e jour ; leurs yeux et leurs oreilles s'ouvrent entre le 10e et le 15e jour.

Un petit hors du nid

Si l'un des lapereaux tombe ou glisse à l'extérieur du nid, replacez-le rapidement à l'intérieur, car la mère ne fera rien pour lui. Évitez de le toucher avec les mains pour ne pas l'imprégner de votre odeur : poussez-le avec un journal, par exemple, ou portez des gants.

Lors de l'allaitement, la lapine reste sur ses quatre pattes et surveille son environnement.

donc la lapine produit de moins en moins de lait. Lorsqu'ils cessent tout à fait de téter, ils sont sevrés. Ils peuvent alors être séparés de leur mère. La séparation est rapidement nécessaire si les lapins sont en cage : pour une question d'espace, bien sûr, mais aussi parce que la lapine souhaite éloigner les lapereaux une fois qu'ils sont sevrés et risque de se montrer agressive si elle ne le peut pas. Par ailleurs, la séparation doit intervenir avant la puberté des petits – soit vers 3 mois.

L'allaitement artificiel

Il est parfois nécessaire de se substituer à la lapine : mère rejetant un ou plusieurs lapereaux (stress, portée trop nombreuse, petits manipulés et imprégnés de l'odeur humaine), nouveau-nés orphelins, lapine malade ou n'ayant pas de lait. Vous devez dans ce cas placer le nid dans une cage à part et y installer les petits au chaud.

Procurez-vous du lait artificiel (analogue à celui qui est utilisé pour les chiots ou les chatons) chez votre vétérinaire ou en pharmacie – mais n'utilisez en aucun cas du lait de vache ! Le lait de la lapine est plus riche en graisse et en protéines que le lait de vache.

Faites tiédir le lait (à la température du corps de la mère, c'est-à-dire environ 38 °C). Distribuez à volonté en deux à quatre prises quotidiennes, à l'aide d'un petit biberon spécialement conçu pour lapin ou à l'aide d'une seringue à insuline sans aiguille : maintenez toujours les petits en position horizontale pour éviter les fausses routes. Il faudra de surcroît stimuler la défécation et la miction des très jeunes lapereaux en frottant légèrement la région de l'anus et de l'orifice génital avec un coton humidifié.

Les maladies après la mise bas

• Les maladies de la lapine

La toxémie de gestation (voir p. 82) peut toucher la lapine durant les premiers jours de la lactation.

On observe parfois une inflammation de la mamelle (mammite), qui apparaît rouge, gonflée et douloureuse, notamment en cas de mauvaise hygiène, de forte lactation, de portée nombreuse, de sevrage brutal ou de blessure de la mamelle.

L'infection de l'utérus (appelée pyomètre ou métrite) survient parfois après une mise bas. La lapine est très abattue et peut avoir des pertes vulvaires purulentes ou sanguinolentes.

• Les maladies des lapereaux

On rencontre essentiellement des cas de diarrhées au sevrage. Celles-ci doivent être traitées le plus rapidement possible, car elles peuvent être fatales.

> **Le saviez-vous ?**
>
> Le lait synthétisé par la mère durant les tout premiers jours de la lactation est appelé colostrum et contient les anticorps essentiels à l'immunité des jeunes.

La reproduction du lapin

Puberté petites races	**4 – 5 mois**
Puberté races moyennes	**4 – 6 mois**
Puberté grandes races	**5 – 8 mois**
Période de reproduction	**Toute l'année**
Ovulation	**Provoquée par l'accouplement**
Pseudogestation	**14 – 17 jours**
Durée de la gestation	**30 – 32 jours (29 – 35)**
Nombre de portées par an	**2 – 4**
Nombre de petits par portée	**2 – 12**
Poids des nouveau-nés	**30 – 40 g**
Nombre de paires de mamelles	**4**
Durée de lactation	**4 – 6 semaines**

CHAPITRE 7

Soigner votre lapin

Les soins de base

Au jour le jour, quelques soins de base permettent d'assurer l'hygiène et le confort de votre lapin qui effectue lui-même une toilette régulière et méticuleuse.

L'entretien des griffes

L'usure des griffes dépend largement de l'activité physique de votre lapin. S'il passe de nombreuses heures en liberté, elles s'usent suffisamment pour qu'il ne soit pas nécessaire de les couper souvent. En revanche, un lapin moins actif aura rapidement les griffes trop longues si vous n'intervenez pas.

Pour les couper, utilisez une pince coupe-griffes ou, mieux, une pince coupe-fil d'électricien. Les ciseaux ne sont pas conseillés, car ils tordent la griffe sans la couper.

Avant de les couper, contrôlez leur usure. Il ne faut pas sectionner la pulpe, sensible, qu'on devine par transparence à la base si les griffes sont claires. Laissez au moins 3 ou 4 mm de pointe au-delà de la pulpe.

Le saviez-vous ?

Si votre lapin a une mâchoire et une dentition normales, l'usure des dents se fait naturellement par les mouvements de mastication et le frottement des dents les unes sur les autres. Seuls certains lapins, qui souffrent d'un mauvais affrontement dentaire, appelé malocclusion, nécessitent une coupe de dents – ou leur extraction par un vétérinaire (voir pp. 100 à 102).

Immobilisez votre lapin, en l'enveloppant par exemple dans une serviette, une patte sortie (voir p. 51). Présentez la pince face à la griffe et coupez d'un coup sec (cinq griffes aux pattes avant et quatre à l'arrière).

Si, par accident, vous coupez trop court et que la pulpe saigne, ne vous affolez pas : appuyez avec une compresse le temps que le saignement cesse.

Le brossage

Le brossage, effectué à l'aide d'une brosse et d'un peigne, permet de démêler le pelage et d'éliminer les poils morts.

Un lapin à poil court se contentera d'un brossage occasionnel, mais les races à poil long doivent être brossées tous les jours ou tous les 2 jours, faute de quoi des bourres de poils, parfois volumineuses, se forment. Elles sont ensuite difficiles à retirer.

Le brossage est recommandé pour toutes les races en période de mue, au printemps et à l'automne.

Le brossage doit être un moment agréable : procédez avec douceur.

Faut-il le laver ?

Non. Le lapin fait régulièrement sa toilette et salit peu sa fourrure. Un bain serait une source de stress importante. Si sa fourrure est souillée, utilisez un gant de toilette humide pour le nettoyer, puis séchez-le avec du papier absorbant.

Nettoyer les oreilles

Les oreilles sont rarement sales et ne nécessitent donc pas un nettoyage régulier. Le Coton-Tige peut être employé pour nettoyer le pavillon de l'oreille, mais il ne faut surtout pas l'introduire dans le conduit : il risquerait de tasser les saletés dans le fond, contre le tympan.

Pour dégager le conduit, instillez dans l'oreille une solution vétérinaire nettoyante adaptée ; massez la base de l'oreille pour désagréger les saletés qui s'y sont accumulées. Laissez le lapin secouer la tête, puis retirez les saletés qui sont remontées à l'aide d'une compresse ou d'un morceau de coton. Demandez à votre vétérinaire de vous montrer la manœuvre !

L'identification

Le tatouage

Il est obligatoire pour le lapin qui participe à des concours. Il est effectué à la pince : l'oreille gauche porte 2 chiffres pour le mois de naissance, 1 lettre pour le pays d'origine (F = France) et 1 chiffre pour l'année de naissance (6 pour 2006). L'oreille droite porte le numéro d'ordre inscrit sur le certificat d'identification de la Fédération Française de Cuniculiculture (FFC).

L'identification par puce électronique (IPPE)

Elle consiste à implanter sous la peau du lapin un transpondeur – une puce miniature – comportant un code d'identification composé de 15 chiffres : 3 chiffres pour le code pays (250 pour la France), 2 pour le code espèce, 2 pour le code du fabricant de la puce et 8 pour le numéro d'identification individuel de l'animal. Un lecteur est indispensable pour décrypter le code. Un fichier national répertorie les coordonnées des propriétaires.

Pour une bonne prévention

Associés à de bonnes conditions de vie et à une alimentation de qualité, un suivi vétérinaire régulier et une vaccination raisonnée assurent une bonne prévention. Ajoutez-y une observation attentive pour détecter la moindre anomalie.

Attention, même s'il ne risque pas d'avoir de contact avec des congénères sauvages et même s'il ne sort pas dans le jardin, votre lapin pourrait attraper la myxomatose par le biais d'insectes piqueurs (puces, moustiques...).

Les visites chez le vétérinaire

Des visites régulières chez votre vétérinaire tous les 6 mois sont recommandées. Même si votre petit compagnon vous semble en parfaite santé, il peut être porteur d'une maladie sans que des symptômes évidents se manifestent.

Profitez de cette visite pour demander des conseils sur l'alimentation et l'environnement de votre lapin, ou pour vous faire aider pour les petits soins que vous ne réussissez pas à effectuer seul. En cas de maladies dentaires, une visite trimestrielle est conseillée.

Les signes d'alerte

Certains signes doivent vous amener à consulter au plus vite – et à isoler votre lapin au calme en attendant : amaigrissement, anorexie, salivation abondante, gêne respiratoire, abattement, diarrhée, masse sur le crâne, malocclusion des incisives, paralysie, port de tête incliné, exophtalmie (œil exorbité), difficulté ou incapacité à uriner, perte de pus ou de sang au niveau de la vulve, abdomen distendu...

La vaccination

On conseille de vacciner les lapins principalement contre la myxomatose et contre la maladie hémorragique virale. D'autres vaccinations sont parfois recommandées (contre les affections respiratoires et les entérotoxémies).

• La myxomatose

Cette maladie virale très contagieuse est apparue en Europe dans les années 1950. Elle touche les lapins de garenne et les lapins domestiques.

La contamination se fait par contact entre lapins et surtout par des insectes piqueurs (puces, moustiques) : même les lapins ne sortant jamais peuvent donc être contaminés. Après une incubation de 6 à 10 jours, le lapin développe des masses cutanées (appelées myxomes), notamment sur la face, associées à une inflammation des paupières et de la région génitale. La mort peut survenir après une dizaine de jours, mais des cas de rémission ou de chronicité sont observés. Une autre forme se caractérise par une rhinite chronique et une conjonctivite, parfois associées à des nodules.

Il n'existe aucun traitement spécifique. La prévention repose sur la lutte contre les insectes piqueurs et sur la vaccination, qui peut débuter à l'âge de 1 mois. Votre vétérinaire vous proposera un calendrier vaccinal tenant compte du contexte épidémiologique.

• La maladie hémorragique virale

Cette maladie virale est aussi appelée VHD (*Viral Haemorrhagic Disease*). Apparue en Chine dans les années 1980, puis importée en Europe, elle présente une mortalité très élevée et rapide (en quelques jours). Elle se transmet par contact direct entre lapins, mais également par contact indirect (matériel souillé par le virus, ou insectes). Les lapins contaminés peuvent mourir subitement, sans symptômes, ou rester prostrés, présenter une respiration rapide, de la diarrhée et des pertes de sang (nasales notamment).

Il n'existe aucun traitement spécifique et la prévention repose sur l'hygiène de l'environnement et la vaccination. Il faut éviter de récolter des fourrages dans les zones contaminées.

Questions au vétérinaire

Mon lapin et mon cochon d'Inde peuvent-ils se transmettre des maladies ? Oui, de nombreuses maladies leur sont communes, notamment respiratoires et cutanées. La rencontre entre un cochon d'Inde et un lapin peut donc être à l'origine d'une contamination, et ce d'autant que l'un des deux peut être porteur sain d'un germe, c'est-à-dire être potentiellement contagieux, sans présenter de symptômes.

La stérilisation est-elle dangereuse ? Il n'y a pas d'anesthésie ni de chirurgie sans risques, mais ceux-ci sont d'autant plus réduits que le lapin est jeune et en bonne santé. L'anesthésie gazeuse présente moins de risques que l'anesthésie par injection. Si une contre-indication médicale existe comme une maladie respiratoire, votre vétérinaire vous la signalera. Notons qu'un lapin est incapable de vomir, ce qui limite donc les risques de régurgitation et de fausse route lors de l'anesthésie.

Puis-je donner un antalgique à mon lapin ? Oui, la lutte contre la douleur (l'analgésie) a fait de gros progrès en médecine vétérinaire. Plusieurs antalgiques sont utilisables chez le lapin sur prescription et peuvent soulager ses douleurs.

L'euthanasie est-elle douloureuse ? En cas de maladie incurable entraînant des souffrances, le vétérinaire propose parfois d'euthanasier le lapin. C'est un acte indolore pour l'animal : il consiste à injecter un anesthésique, puis un produit entraînant un arrêt cardiaque et respiratoire pendant le sommeil.

Soigner un lapin malade

Votre lapin est malade et votre vétérinaire a prescrit des soins ou des médicaments – pas toujours simples à administrer ! Voici quelques trucs et astuces pour faire passer la pilule...

Les soins d'un lapin malade

Un lapin malade doit être isolé de ses congénères et maintenu au calme. Si vous possédez plusieurs lapins, occupez-vous d'abord de ceux qui sont en bonne santé, afin de ne pas risquer de les contaminer en transportant les germes du malade.

Lavez-vous les mains entre chaque manipulation et n'utilisez pas de matériel commun (peigne, gamelle...). Maintenez une hygiène stricte de l'environnement (nettoyage et désinfection des cages et du matériel). Votre vétérinaire vous indiquera les consignes d'isolement éventuellement nécessaires.

Évitez de manipuler un lapin malade, en dehors des soins indispensables, que vous devez effectuer rapidement et en douceur : emmaillotez-le dans une serviette (voir p. 51) pour une bonne contention douce. Un lapin anorexique doit être gavé à la seringue, ou en clinique par sonde.

Votre vétérinaire peut vous fournir des produits de substitution adaptés à son régime alimentaire herbivore. Les compotes, les soupes et les petites pots pour bébés trop pauvres en énergie et en fibres ne sont pas adaptés.

Faire avaler un médicament

• Dans l'eau de boisson

Cette méthode n'est pas recommandée, car il est impossible de vérifier que le lapin a avalé la quantité de médicament voulue. S'il ingère une dose trop faible, le traitement risque d'être inefficace. Si la dose est au contraire trop élevée, le traitement pourrait devenir néfaste. De plus, de nombreux médicaments s'altèrent à la lumière et risquent donc de perdre de leur efficacité une fois dans l'eau de boisson.

• Dans la gueule

C'est le meilleur moyen d'être sûr que la bonne dose a été absorbée. Si le lapin est agité, emmaillotez-le dans une serviette (voir p. 51). L'absence de canine dégage une petite « porte d'entrée ». Glissez les comprimés ou la seringue (sans aiguille et orientée vers le fond de la gueule) dans cette ouverture.

Les produits liquides doivent être administrés lentement, afin d'éviter les fausses routes. Surtout, n'essayez jamais d'ouvrir la gueule de votre lapin : vous risqueriez, en forçant, de la lui briser.

Vous pouvez mélanger certains médicaments amers (en broyant les comprimés) avec une substance appétante distribuée à la seringue (sauf contre-indication du vétérinaire) : petit pot aux légumes pour bébé, compote…

Collyre et pommade ophtalmique

- **Le collyre**

Relevez légèrement la paupière supérieure, placez le flacon de collyre au-dessus de l'œil, à 2-3 cm, et laissez tomber une à deux gouttes dans l'œil, selon la prescription.

- **La pommade ophtalmique**

Pour appliquer une pommade ophtalmique sur l'œil, procédez exactement de la même façon : approchez l'embout du tube, en prenant bien soin de ne pas toucher la cornée, et laissez se déposer sur la surface de l'œil une petite noisette de pommade. Fermez ensuite les paupières de votre lapin, en les massant légèrement, afin que la pommade se répartisse à la surface de l'œil. Essuyez l'excédent avec une compresse en procédant avec douceur, sans frotter.

Les inhalations

Les inhalations font partie de l'aérosolthérapie. Elles complètent utilement les traitements injectables ou administrés par voie orale. Les inhalations peuvent se dérouler à l'aide d'un bol d'eau chaude dans lequel sont placés des médicaments ou à l'aide d'un appareil pouvant être loué en pharmacie. Ce dernier est un nébulisateur. Son utilisation est à privilégier à la première technique car il permet la pulvérisation de microgouttelettes se dispersant mieux dans l'appareil respiratoire. Le matériel utilisé doit être hors de portée du lapin. Mettez le lapin dans une caisse de transport pour chat, par exemple, introduisez l'extrémité du tuyau du nébulisateur par une ouverture et couvrez la caisse avec une couverture.

Les méfaits d'une médication inappropriée

N'essayez pas de donner des médicaments ou des antiparasitaires à votre lapin sans consulter un vétérinaire, seul habilité à les prescrire. Jouer à l'apprenti sorcier est dangereux. En donnant un médicament sans prescription vétérinaire, vous risquez d'administrer une molécule contre-indiquée pour le lapin (certains antibiotiques courants, certains antiparasitaires sont toxiques, voire mortels pour lui) ou pour la maladie dont il souffre.

Vous ignorez de plus la posologie adaptée, qui n'est pas forcément analogue à celle recommandée pour un homme, un chien ou un chat. Sous-dosage et surdosage peuvent s'avérer néfastes. Votre « traitement » risque de gêner le diagnostic et de retarder la mise en place d'un traitement réellement efficace – laissant la maladie évoluer pendant ce temps.

Méfiez-vous aussi des informations glanées dans les livres, ou sur Internet : elles peuvent être parfaitement erronées.

Du lapin à l'homme : les zoonoses

Les zoonoses sont des maladies susceptibles de se transmettre de l'animal à l'homme. Dans le cas du lapin, elles sont plutôt rares et généralement bénignes.

La transmission des zoonoses

Certaines zoonoses se transmettent en passant directement de l'animal à l'homme, sans étape intermédiaire : on parle de voie directe. C'est le cas de la teigne, de la gale du corps, transmises par simple contact, et de la pasteurellose, transmise par morsure ou griffure.

D'autres zoonoses peuvent se transmettre à l'homme par voie indirecte, par exemple via l'environnement. C'est le cas de parasites digestifs ou de bactéries (salmonelle), que l'homme peut ingérer en portant ses mains à la bouche après avoir nettoyé la cage.

La toxoplasmose

Une femme enceinte peut contracter la toxoplasmose, mettant en danger l'enfant qu'elle porte, soit par un contact direct ou indirect avec un chat excrétant le parasite dans ses crottes (manipulation d'un chat porteur, consommation de légumes insuffisamment lavés et souillés par des crottes de chats porteurs), soit, et c'est la première cause de contamination, en consommant de la viande contenant des parasites et insuffisamment cuite – dont celle de lapin.
Votre lapin risque peu de vous transmettre la toxoplasmose – à moins que vous ne le mangiez…

Les personnes à risque

Certaines personnes sont plus susceptibles que d'autres de contracter une zoonose, en raison de leur statut physiologique ou de leur état de santé : femmes enceintes, enfants en bas âge, personnes âgées, immunodéprimées (gravement malades, en cours de chimiothérapie…). Les personnes régulièrement en contact avec des animaux sont bien sûr plus exposées à ce type de maladies (vétérinaires, éleveurs…).

Les zoonoses transmises par le lapin

Les zoonoses dues au lapin sont rares (sauf la teigne) et fort heureusement souvent bénignes. Elles peuvent être provoquées par de multiples agents – bactéries, champignons, acariens… La zoonose la plus fréquente est sans aucun doute la teigne, due à la contamination par des champignons. Parmi les plus courantes, on rencontre également des zoonoses dues à des bactéries (salmonellose, pasteurellose), à des mycobactéries (tuberculose) ou à des parasites cutanés (gale, puce, cheyletiellose) ou digestifs (ténia). Les cas graves – salmonellose, tuberculose – sont rares.

Un homme atteint d'une zoonose peut présenter des symptômes cutanés (teigne, gale, puce, cheyletiellose, pasteurellose), digestifs (parasites digestifs, salmonellose), respiratoires (tuberculose) ou bien des symptômes généraux (pasteurellose, salmonellose).

Se protéger

Quelques mesures d'hygiène simples permettent de limiter les risques de zoonose pourvu qu'on les respecte scrupuleusement :

– Se laver les mains après toute manipulation de l'animal.

– Éviter le contact d'un lapin avec une personne gravement malade ou affaiblie.

– Désinfecter soigneusement toute plaie provoquée par une morsure ou une griffure.

– Désinfecter régulièrement la cage et le matériel, utiliser des serviettes ou éponges spécifiquement réservées à cet effet.

– Ne jamais adopter un lapin présentant une perte de poils, des croûtes ou des démangeaisons.

– Faire examiner tout lapin présentant ces mêmes symptômes et l'isoler de ses congénères, des autres animaux et des personnes sensibles.

– Ne pas soigner un lapin contagieux pour l'homme, ni nettoyer sa cage, si l'on n'est pas soi-même en bonne santé.

– Lors de l'arrivée d'un nouveau lapin, observer une « quarantaine », pendant laquelle il sera peu manipulé et attentivement surveillé

Après avoir manipulé votre lapin, prenez l'habitude de vous laver les mains.

Guide des maladies courantes du lapin

Lorsque votre lapin semble malade, consultez votre vétérinaire, car une maladie est comparativement plus grave chez lui que chez l'homme ou le chien. Améliorez son environnement et instaurez les bonnes règles d'hygiène.

Les maladies de la peau

• Les plaies

Elles sont souvent le résultat de combats entre congénères. Une plaie non traitée peut vite évoluer vers la formation d'un abcès. En cas de plaie légère, coupez délicatement les poils tout autour avec des ciseaux à bout rond, puis désinfectez deux fois par jour avec une solution antiseptique non alcoolisée, que votre vétérinaire vous recommandera. Les plaies plus importantes – étendues ou profondes – nécessitent toujours une visite chez le vétérinaire, car elles peuvent requérir un traitement chirurgical, une antibiothérapie et une analgésie.

• Les masses cutanées

Elles sont variées : kyste, abcès, tumeur (assez rares chez le lapin) ou pseudotumeur de la myxomatose. Consultez un vétérinaire qui vous orientera vers le traitement le plus adapté : surveillance, ponction, ablation chirurgicale. Les abcès (souvent à pasteurelles ou staphylocoque doré) nécessitent généralement un traitement chirurgical. La vidange du pus, de consistance épaisse chez le lapin n'est généralement pas suffisante, car l'abcès est entouré d'une coque produisant le pus. Des examens complémentaires sont possibles : analyse bactériologique pour déterminer avec précision la bactérie en cause et tester sur elle un panel d'antibiotiques, analyse histologique permettant de déterminer le caractère cancéreux ou non d'une masse cutanée.

• La dermite

Cette inflammation de la peau survient souvent à la suite de démangeaisons, d'une humidité excessive ou d'une souillure de la peau. Une dermite au niveau du menton peut apparaître lorsque le lapin s'abreuve dans une écuelle ou bien salive abondamment (problème dentaire). La der-

Les risques de contagion

Certaines maladies de peau sont contagieuses pour les autres mammifères – chien, chat, humains…
Lorsque vous observez une perte de poils, une rougeur cutanée, ou lorsque votre lapin se gratte, isolez-le de ses congénères et des autres animaux en attendant de consulter un vétérinaire. Placez-le seul dans une cage, si possible dans une pièce à part. N'utilisez pas le même matériel pour plusieurs animaux et nettoyez tout ce qui a été en contact avec le lapin atteint. Occupez-vous de lui après les autres animaux et lavez-vous les mains après chaque manipulation. Prenez enfin soin de ne pas le tenir contre vous, de façon à ne pas héberger sur vos vêtements les parasites ou champignons.

mite de la face est fréquente chez les lapins qui sont atteints de larmoiements. Une dermite de la croupe ou du dos s'observe parfois chez des lapins restant couchés au contact de l'extrémité de leur biberon.

Enfin, on rencontre des dermites de la face ventrale souillée par l'urine chez certains lapins obèses ou chez les lapins présentant un déficit neurologique du train postérieur qui les empêche de se placer correctement pour uriner. Essuyez régulièrement la peau afin que la lésion ne s'aggrave pas.

Outre le traitement de la cause, le traitement des dermites requiert généralement un anti-inflammatoire, voire une antibiothérapie en cas de surinfection bactérienne.

• La pododermatite

Cette affection fréquente, également appelée maux de pattes, correspond à une irritation des faces plantaires ou palmaires des pattes. Elle va de la simple perte de poils avec rougeur de la peau à la nécrose cutanée et à l'abcès. Aux stades les plus avancés, une atteinte osseuse est possible et le pronostic est assez sombre (on parle d'ostéomyélite).

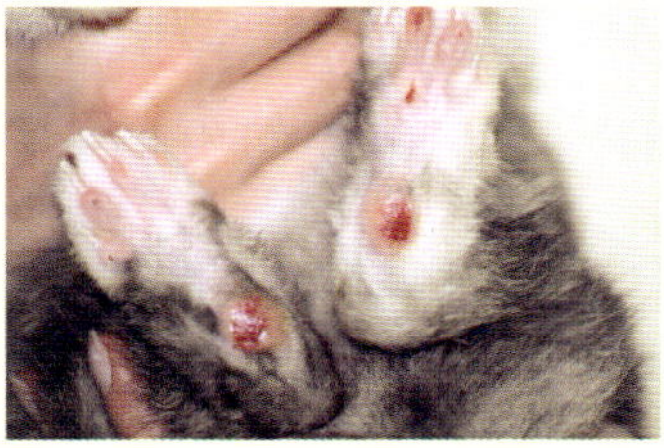

La pododermatite est due à un environnement inadapté (sol grillagé ou bétonné, litière abrasive, cage trop petite, moquette...) et à une mauvaise hygiène (litière humide et souillée, griffes trop longues...). Le manque d'exercice et l'embonpoint sont des facteurs aggravants. Le lapin boite et peut refuser tout déplacement. Une radiographie pourra être conseillée lors de suspicion d'atteinte osseuse.

Le traitement doit être précoce : il faut corriger tous les paramètres environnementaux erronés, effectuer des soins locaux et instaurer un traitement antibiotique et antalgique, voire un régime si le lapin présente de l'embonpoint. La vie en liberté totale ou *a minima* dans un enclos intérieur remplaçant la cage est nécessaire. La cicatrisation est longue et sera parfois améliorée par un curetage chirurgical pour éliminer les tissus trop altérés. Les pansements sont contre-indiqués dans la majorité des cas.

• La teigne

Il s'agit d'une mycose (les champignons incriminés sont souvent *Trichophyton mentagrophytes* ou *Microsporum canis*). Elle se traduit par des pertes de poils et des petites croûtes autour des yeux, sur les lèvres, les narines, les oreilles et les pattes avant, mais l'ensemble du corps peut être touché. Le vétérinaire pose son diagnostic par l'observation

> **Les antiparasitaires**
>
> Certains produits conçus pour chien et chat sont toxiques pour le lapin : ne le traitez pas sans l'avis de votre vétérinaire.

des symptômes, l'examen de poils au microscope ou la mise en culture des champignons. Le traitement consiste en l'administration d'antimycosiques locaux ou par voie orale.

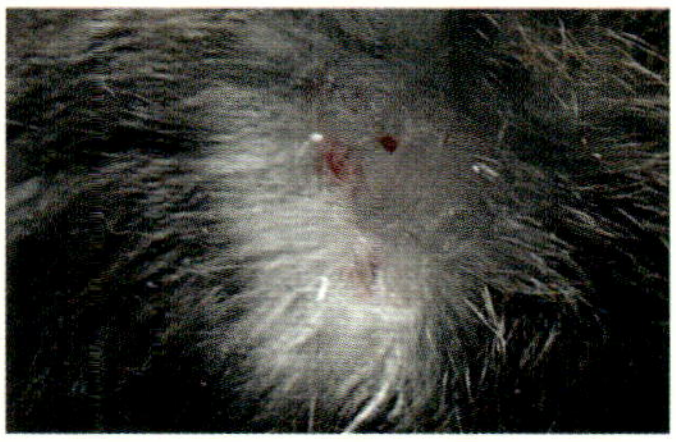

La teigne est l'une des maladies de peau les plus contagieuses pour l'homme et les autres animaux du foyer. Chez l'homme, on observe des plaques rouges circulaires généralement dans les zones de contact avec le lapin (avant-bras et cou).

• La gale du corps

Assez rare chez le lapin, la gale du corps est due à la présence d'acariens vivant dans la peau. Elle se traduit par une perte de poils, des rougeurs, des croûtes et des démangeaisons.

• La gale de l'oreille

La gale des oreilles est plus fréquente et se traduit par des croûtes sèches ressemblant à un millefeuille dans

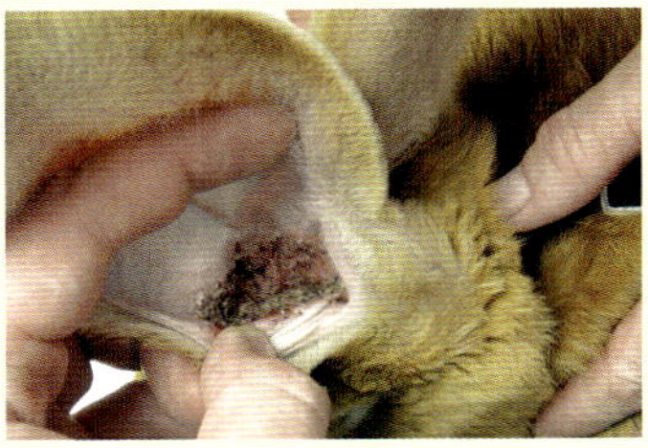

les conduits auditifs et le long des pavillons auriculaires.

• La cheyletiellose

Cette maladie est due à un acarien (*Cheyletiella parasitovorax*) vivant dans les poils, parfois à l'origine d'une perte de poils, de rougeurs, de croûtes et de démangeaisons. Des lésions caractéristiques avec d'abondantes pellicules blanches sont observées au niveau de la nuque et du dos. Votre vétérinaire confirmera la présence des parasites en observant un prélèvement de poils et de pellicules au microscope et vous prescrira un antiparasitaire.

• Les puces

Le lapin peut être infesté par les puces du chien ou du chat (*Ctenocephalides*) ou par la puce du lapin sauvage (*Spilopsyllus cuniculi*). Il se gratte abondamment et vous pouvez observer les puces ou leurs crottes (petits grains noirs). Les puces sont potentiellement vectrices du virus de la myxomatose.

• La myiase

Ce terme définit la présence d'asticots sur ou dans le corps. En période chaude, il arrive qu'une mouche ponde sur une plaie ou au niveau du train arrière lors de souillure par les selles ou une diarrhée. Les asticots se développent et se nourrissent de débris de peau ou de selles avant de s'attaquer aux chairs du lapin et de s'infiltrer sous la peau et dans les glandes périanales. L'état général du lapin s'effondre rapidement et l'on observe parfois de l'automutilation. Cette affection rapidement fatale est une urgence absolue et nécessite une hospitalisation pour traiter l'état de choc.

Les problèmes osseux

• Les fractures

Le lapin allie un squelette fragile à une musculature puissante le prédisposant aux fractures. On rencontre surtout des fractures des membres. On classe les fractures en deux catégories selon que l'about osseux traverse ou non la peau. On parle de fracture ouverte (et donc infectée) et de fracture fermée. Votre vétérinaire vous orientera, selon le bilan radiographique, vers un traitement orthopédique par immobilisation du membre ou par chirurgie. Dans certains cas, l'amputation du membre atteint peut être choisie. Elle est possible chez le lapin à condition que le patient soit assez svelte et vif. Il est possible qu'un lapin se fracture la colonne vertébrale à la suite d'un choc ou à l'occasion d'une violente ruade, d'où une paralysie souvent irréversible du train arrière (l'euthanasie est la plupart du temps conseillée en l'absence de réponse au traitement médical). Si vous suspectez une fracture, placez immédiatement votre lapin dans une petite caisse de transport pour restreindre ses mouvements et éviter une aggravation de la fracture.

• L'arthrose et l'arthrite

Ces affections correspondent respectivement à une dégénérescence et une inflammation d'une articulation. L'arthrose a pour origine l'âge, une boiterie chronique entraînant une modification de la position d'un membre et donc de la sollicitation de l'articulation, le manque d'exercice et l'embonpoint. L'arthrite est généralement secondaire à une pododermatite, une fracture ou une infection bactérienne. Le diagnostic repose sur la manipulation de l'articulation et la réalisation d'une radio. Le traitement repose sur des régénérateurs articulaires dans le cas de l'arthrose et des antibiotiques et anti-inflammatoires dans le cas de l'arthrite.

Les affections dentaires

• La malocclusion dentaire

Elle correspond à un défaut d'affrontement des dents dont

Le saviez-vous ?

L'extraction des incisives est conseillée lors d'une importante malocclusion de celles-ci ou en cas d'infection de leurs racines. Même privé de ces dents, le lapin peut continuer à se nourrir. Il saisira les aliments avec la partie antérieure du palais et de la mâchoire inférieure, et les mastiquera avec ses prémolaires et ses molaires. Vous pouvez l'aider en découpant au préalable sa nourriture, car il ne peut plus la couper.

Occlusion dentaire normale (A) et anormale (B) des incisives

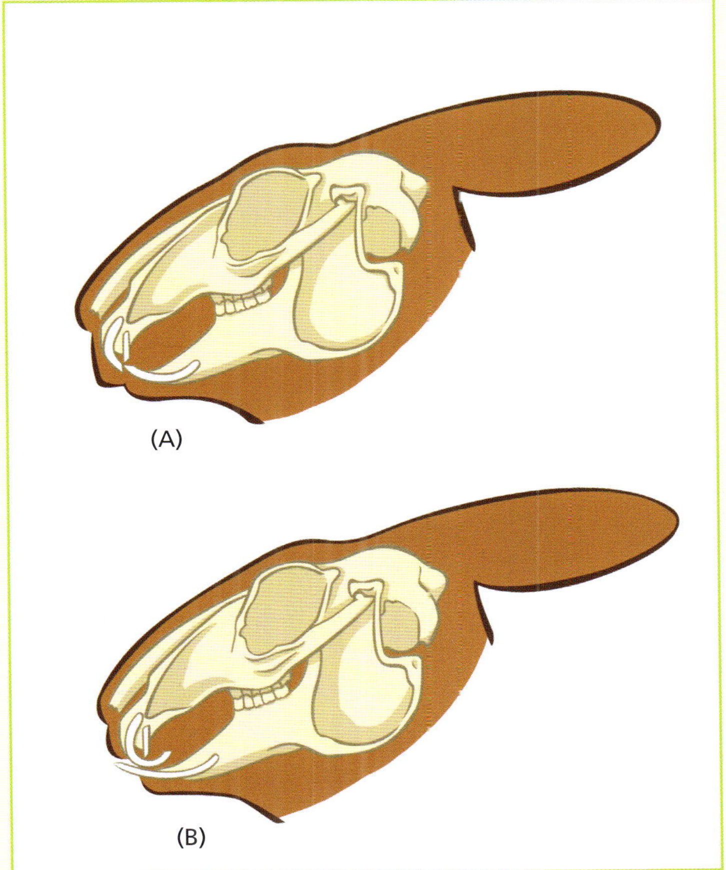

la longueur et/ou l'orientation sont anormales. Elle est plus fréquente chez les lapins nains. Les causes sont multiples : malformation congénitale, fracture dentaire, anorexie, mâchoires décalées, manque d'éléments abrasifs dans la ration alimentaire (foin surtout), abcès dentaire, carence nutritionnelle (vitamine D...). Lors d'un défaut d'abrasion des dents par frottement les unes sur les autres, les dents appuient sur celles leur faisant face et, par les contraintes qu'elles exercent les unes sur les autres, induisent leur déformation et la pousse de leur

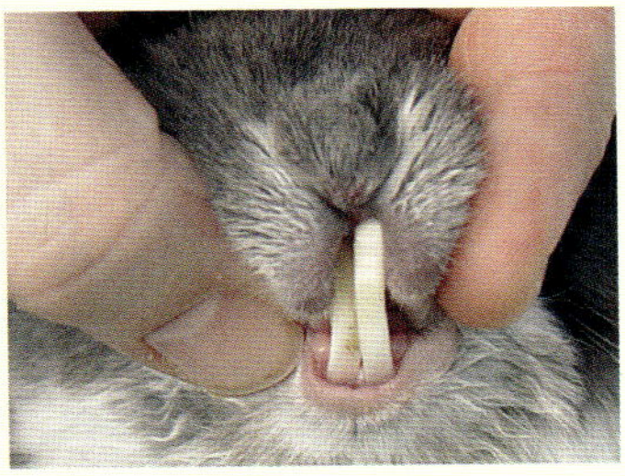

racine vers l'intérieur de l'os. On observe alors une protrusion des racines dans le crâne ou la mandibule. L'écartement entre les dents, les ulcérations de la langue et de la joue, et la protrusion progressive des dents dans les structures osseuses aboutissent à la formation d'un abcès dentaire.

Le lapin souffrant de malocclusion bave, sélectionne ses aliments, puis devient rapidement incapable de se nourrir. Les incisives supérieures ont tendance à s'enrouler vers l'intérieur de la cavité buccale et les incisives inférieures vers l'extérieur. Les prémolaires et molaires inférieures, elles, poussent vers l'intérieur de la cavité buccale, d'où de graves lésions de la langue. Les prémolaires et les molaires supérieures poussent en direction de la paroi interne de la joue, entraînant des ulcérations. Un lapin qui souffre de malocclusion peut baver (on parle de ptyalisme). Votre vétérinaire vous proposera une coupe ou une extraction dentaire.

Couper les dents est un acte vétérinaire : ne cherchez pas à le faire vous-même, vous risqueriez de provoquer des fractures et de graves infections. Lors de malocclusion des incisives, leur coupe régulière est nécessaire, généralement toutes les 4 à 6 semaines à l'aide d'un moteur de dentisterie ou de modélisme. L'absence de nerf dans la dent rend cet acte indolore pour le lapin. L'utilisation d'une pince coupante est à déconseiller, car elle expose la dent à une fracture. Sur du long terme, l'extraction des incisives est à privilégier.

Les abcès dentaires

Évoluant parfois de façon insidieuse, sans symptôme apparent, ces abcès correspondent à une infection des longues racines dentaires. Les symptômes sont très variés : masse sur le crâne ou sous la mâchoire (le pus a percé l'os et s'accumule sous la peau), affection respiratoire (le pus passe dans les cavités nasales

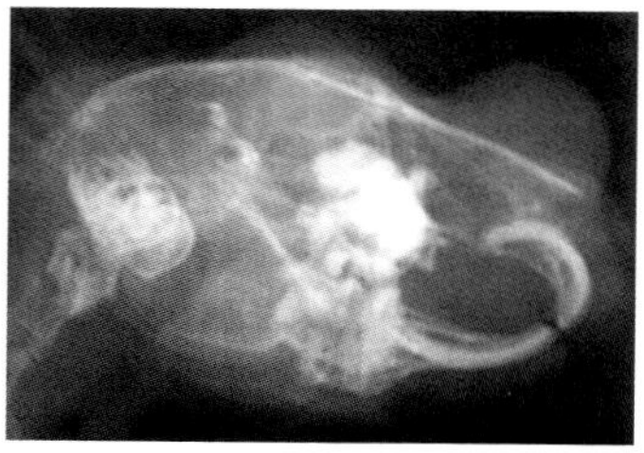

et s'écoule au niveau des narines), affection oculaire (compression des conduits lacrymaux et abcès en arrière du globe oculaire pouvant aller jusqu'à la luxation du globe oculaire).

En cas d'abcès dentaires, le pronostic est réservé en raison du risque de récidive. Un bilan radiographique permet d'évaluer l'étendue des lésions et le nombre de dents atteintes. Le traitement, lourd, ne garantit pas une guérison totale (des germes peuvent résister et persister dans l'os, et proliférer ultérieurement) : antibiothérapie, curetage chirurgical de l'abcès, extraction dentaire... À des stades très avancés, l'euthanasie peut malheureusement être justifiée.

Les maladies digestives

La diarrhée

La diarrhée est fréquente et ses causes sont multiples : facteurs environnementaux (stress, changement de milieu de vie...), origine alimentaire (manque de fibres, excès de sucres, changement alimentaire brutal, sevrage inadapté, consommation excessive d'aliments frais, froids, mouillés ou fermentescibles, coup de chaleur...), traitement antibiotique inapproprié (choix erroné de l'antibiotique, de la dose ou de la durée du traitement), infection bactérienne, parasitaire ou virale, notamment chez les jeunes...

Tout bouleversement du transit digestif, que ce soit la diarrhée, l'anorexie (qui affame les bactéries et donc perturbe la flore intestinale) ou bien la constipation, est grave. Les bactéries de la flore digestive peuvent proliférer de façon anarchique et produire des toxines ou du gaz, d'où un ballonnement douloureux. Le métabolisme, notamment hépatique, est également perturbé. Le lapin maigrit alors rapidement, s'affaiblit et se déshydrate.

Une diarrhée est donc potentiellement grave, ou même fatale, et nécessite une consultation vétérinaire en urgence et une hospitalisation. En attendant celle-ci, isolez l'animal malade de ses congénères, retirez les aliments frais (mais laissez le foin), nettoyez la cage et changez régulièrement la litière. Vérifiez qu'il boit bien. Assurez-vous de plus que le train arrière n'est pas souillé.

Le ralentissement ou l'arrêt du transit digestif

Fréquents, ils surviennent par exemple lors d'une constipation, d'une occlusion digestive ou d'un ballonnement trop important. Un manque de fibres dans la ration alimentaire, l'ingestion de corps étrangers (tissu, carton), la sédentarité sont souvent en cause. Le lapin fait sa toilette en léchant son pelage, mais contrairement au chat, il est incapable de régurgiter des pelotes de poils, d'où des risques plus élevés d'occlusion digestive. Les crottes devien-

nent d'abord plus petites et plus dures, parfois émises « en chapelet » accrochées les unes aux autres, puis sont absentes. Les arrêts du transit peuvent se compliquer de douleurs abdominales intenses : on observe des spasmes de l'abdomen, de la prostration et souvent la recherche d'une position antalgique, notamment abdomen contre le sol ou en boule.
Consultez rapidement un vétérinaire. Le traitement consiste en une réhydratation du lapin, l'administration d'antalgique et de médications stimulant le transit digestif. Sa reprise peut être lente. Dans les cas avancés, la maladie peut évoluer vers une occlusion digestive de pronostic sombre et dont le traitement est chirurgical. Celle-ci peut également survenir suite à l'ingestion d'un corps étranger.

Les maladies respiratoires

• La prédisposition du lapin aux troubles respiratoires

L'anatomie et la physiologie respiratoires du lapin le prédisposent aux affections respiratoires :

– Son thorax est étroit, d'où une faible capacité respiratoire.

– La respiration ne peut se faire que par les narines, d'où une difficulté à augmenter de façon importante la quantité d'air inspiré, une prédisposition à un assèchement des voies respiratoires déclenchant leur inflammation et la gêne respiratoire induite par le moindre rhume.

– La respiration est plus rapide que chez l'homme, d'où une inhalation plus conséquente des poussières et des produits chimiques en suspension dans l'air.

– Le lapin ne peut transpirer de par l'absence de glande sudoripare, d'où une accélération de la respiration lorsque la température ambiante augmente.

• Les facteurs favorisant les affections respiratoires

Ce sont d'abord les facteurs à l'origine d'une irritation des voies respiratoires : courant d'air, sécheresse de l'air, vapeur de cuisine, ammoniac (dégagé par les urines du lapin, présent en quantité trop importante dans l'air si la litière n'est pas suffisamment changée et en cas de manque d'aération), vapeur de désinfectant chimique utilisé pour le nettoyage de la caisse et mal rincé, litière poussiéreuse ou dégageant des essences irritantes (litière parfumée ou à base de résineux tels que le cèdre ou le pin), fumée de cigarette, aérosol, parfum d'intérieur, insecticide… Par ailleurs, tout ce qui risque de se déposer dans les voies respiratoires peut provoquer des troubles : poussières de l'environnement ou de la litière (copeaux), corps étranger (morceau de foin).

• La rhinite

Cette inflammation de la muqueuse des fosses nasales se

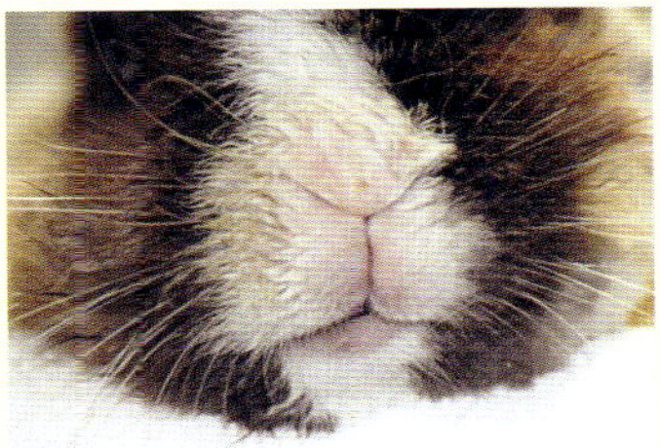

traduit par l'écoulement, au niveau des narines, d'une sécrétion liquide et translucide ou purulente souvent liée à une surinfection bactérienne. Le lapin présente des narines humides en permanence (ainsi que, parfois, les membres antérieurs souillés lors de sa

Le saviez-vous ?

La pasteurellose est une maladie grave, très contagieuse, difficile à soigner et pouvant se manifester de différentes façons. Elle est due à une bactérie (*Pasteurella multocida*, ou pasteurelle) dont certains lapins sont porteurs sains – ils ne présentent pas de symptômes. Parfois, un stress affaiblit les défenses immunitaires de ces lapins, qui développent alors la maladie. L'infection ne se limite pas à l'appareil respiratoire et peut toucher la peau (abcès), les yeux (conjonctivite, abcès oculaire) et les conduits lacrymaux, les oreilles (otite interne), l'appareil locomoteur (ostéomyélite et arthrite), la mâchoire (abcès dentaire), les mamelles (mammite)…

toilette). Il se met à éternuer. Différents germes peuvent être en cause.

Outre la correction des paramètres environnementaux inadaptés, le traitement repose sur l'administration d'un antibiotique, éventuellement associé à des inhalations.

La pneumonie

Elle peut faire suite à une rhinite. D'origine essentiellement bactérienne, elle est très grave (formation possible d'abcès, souvent incurables) et délicate à soigner. Certains lapins présentent peu de symptômes (toux rare) : la maladie évolue alors de façon insidieuse. Les mouvements respiratoires ont une amplitude ou une fréquence inhabituelles avec parfois un essoufflement et des tentatives de respiration gueule ouverte.

Un traitement antibiotique doit être instauré le plus tôt possible.

L'évolution des maladies respiratoires

Les maladies respiratoires, si elles ne sont pas traitées précocement, évoluent rapidement vers une forme chronique très gênante pour le lapin. Ce dernier s'affaiblit de plus en plus et constitue une source de contamination pour ses congénères. Les infections respiratoires importantes peuvent malheureusement entraîner la mort de votre compagnon.

Les mesures sanitaires

Le traitement peut rester sans effet si les paramètres environnementaux inadaptés ne sont pas corrigés et si le facteur déclenchant ou irritant est encore présent.

Les maladies respiratoires sont, pour beaucoup, contagieuses, et peuvent devenir chroniques. Lorsque vous suspectez une maladie respiratoire chez votre lapin, isolez-le de ses congénères tant que le vétérinaire n'a pas déterminé si l'affection est contagieuse ou non. Respectez ensuite les traitements prescrits et n'hésitez pas à demander des visites de contrôle.

Les maladies urinaires

Le calcium dans les urines et les calculs urinaires

Chez le lapin, tout le calcium de la ration alimentaire est absorbé au niveau digestif quels que soient les besoins de l'organisme. L'excès de calcium non utilisé est éliminé naturellement par voie urinaire. Si la quantité de calcium ingérée est trop importante, la quantité de calcium urinaire augmente. Il en est de même si le lapin boit peu, car le volume urinaire étant diminué, il augmente artificiellement la concentration en calcium. Elle peut finir par provoquer une « boue urinaire » (grande quantité de calcium en suspension dans les urines), voire des calculs urinaires qui frottent sur la paroi vésicale, d'où une cystite. Le lapin présente alors des difficultés ou une incapacité à uriner, et reste prostré. Il relève son train arrière et contracte parfois son abdomen en gémissant, ou se tient le dos voûté et se lèche le pénis ou la vulve. Le bas-ventre peut également être souillé. C'est une urgence médicale : une insuffisance rénale, potentiellement fatale, peut aggraver la rétention urinaire.

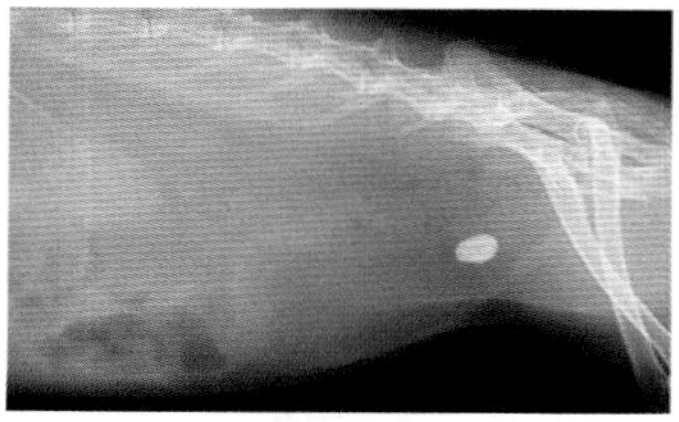

Le diagnostic repose sur l'examen clinique ainsi que sur les examens complémentaires (radiographie, échographie, analyse urinaire et sanguine pour évaluer le fonctionnement des reins). Une chirurgie est généralement nécessaire.

En cas de souillure du bas-ventre, il faut régulièrement sécher votre lapin pour limiter les risques de dermite par excès d'humidité.

Il est primordial de prévenir les troubles urinaires en limitant l'apport en calcium pour votre lapin. Des granulés avec des taux de calcium inférieur à 1 %, un foin exempt de luzerne et une eau de boisson pauvre en calcium sont de

Du sang dans les urines ?

Les urines du lapin peuvent être naturellement foncées, de teinte ambrée à rouge, sans pour autant contenir du sang. Elles sont en effet denses et renferment parfois des sels minéraux, tels que le calcium, et des pigments d'origine végétale, qui modifient leur couleur. Il est facile de faire la différence entre la présence de sang, due par exemple à une cystite, à un calcul ou à une infection utérine, et celle de pigments. Le sang est constitué de cellules sanguines qui sont plus lourdes que la partie liquide de l'urine. Si on laisse décanter un échantillon d'urine, les cellules sanguines rouges et les sels minéraux blanchâtres vont se retrouver au fond du tube à prélèvement, laissant au-dessus un liquide plus clair et plus translucide. Les pigments, quant à eux, restent en suspension et maintiennent la teinte des urines. Notons que la présence de sang dans les urines chez une lapine non stérilisée peut provenir de la vessie mais aussi de l'appareil génital, notamment lors d'une tumeur de l'utérus.

mise. Veillez aussi à ce que votre lapin s'abreuve correctement et que son environnement ne soit pas à l'origine d'une légère déshydratation chronique (taux d'humidité ambiant requis de 50 à 60 % et température ambiante requise inférieure à 20 °C). Pour les lapins peu enclins à s'abreuver, il est possible de rajouter un tout petit peu de jus de fruit dans l'eau de boisson pour susciter sa gourmandise et d'augmenter progressivement l'apport en légumes plus riches en eau tels que le concombre à condition que la digestion soit correcte. Certaines eaux en bouteille très pauvres en calcium sont également à privilégier. Des granulés médicamenteux spécialement conçus pour les troubles urinaires des lapins sont disponibles auprès de votre vétérinaire.

Les cystites

Elles peuvent être infectieuses et dues à des bactéries, ou secondaires, suite à la présence de calculs urinaires ou de cristaux de calcium en trop grande quantité dans les urines. Les symptômes sont analogues à ceux des calculs urinaires.

Outre l'exérèse chirurgicale des calculs et la vie en liberté ou en enclos intérieur, le traitement de la cystite repose sur l'administration d'antibiotique, d'antalgique et d'antispasmodique qui soulageront les douleurs urinaires souvent fortes chez le lapin.

L'insuffisance rénale

Elle correspond à une altération de la fonction rénale. Elle peut être liée à l'âge, une infection bactérienne ou parasitaire (encéphalitozoonose), une tumeur, une intoxication, un coup de chaleur, une déshydratation, des calculs ou une inflammation (on parle de néphrite). Le lapin insuffisant rénal est généralement anorexique, abattu, amaigri et peut boire plus.

Le diagnostic repose sur l'analyse urinaire, la réalisation d'un bilan sanguin biochimique pour le dosage de paramètre évaluant la fonction rénale (notamment l'urée). Le traitement consiste en une perfusion et l'administration de médication stimulant la fonction rénale. Dans certains cas (tumeur d'un rein ou sa destruction par des calculs urinaires), une ablation du rein malade peut être envisagée par le vétérinaire. Cette maladie est grave et son pronostic peut être réservé si trop de tissu rénal est altéré.

Les maladies génitales

Les tumeurs de l'appareil génital femelle

La plus fréquente est la tumeur maligne de l'utérus (adénocarcinome), qui évolue parfois sans symptômes. On peut observer des pertes sanguines au niveau de la vulve ou dans les urines, ou des symptômes induits par la compression d'organes par la masse de la tumeur : constipation ou difficulté à uriner. Des métastases peuvent apparaître généralement au niveau de la colonne vertébrale ou des poumons.

Le diagnostic repose sur la palpation par le vétérinaire et sur l'imagerie médicale (radiographie ou échographie). Le traitement passe par une intervention chirurgicale. L'exérèse des ovaires et de l'utérus (on parle d'ovariohystérectomie), indispensable, doit être la plus précoce possible. La menace de cette tumeur justifie une consultation annuelle chez le vétérinaire, qui réalisera une palpation minutieuse de l'abdomen. Pour prévenir son apparition, il est conseillé de stériliser les lapines qui ne sont pas destinées à la reproduction en enlevant les ovaires et l'utérus dès l'âge de 6 mois et avant l'âge de 2 ans.

• L'infection utérine

Également appelée métrite ou pyomètre, cette infection bactérienne potentiellement fatale doit être traitée rapidement (antibiothérapie et chirurgie). Elle peut entraîner une septicémie, une insuffisance rénale, ou une péritonite. On observe parfois des pertes purulentes au niveau de la vulve.

• Les maladies à la mise bas

Ces maladies sont heureusement rares chez la lapine (voir p. 83). On rencontre parfois une incapacité à mettre bas (on parle alors de dystocie) dont le traitement est souvent chirurgical et des troubles métaboliques chez la femelle, tels que l'hypocalcémie ou la toxémie de gestation qui se traduisent généralement par des tremblements, des convulsions et des pertes d'équilibre (voir p. 82).

• Les affections des mamelles

Les tumeurs mammaires sont rares chez la lapine, mais elle peut souffrir de mammite, une inflammation de

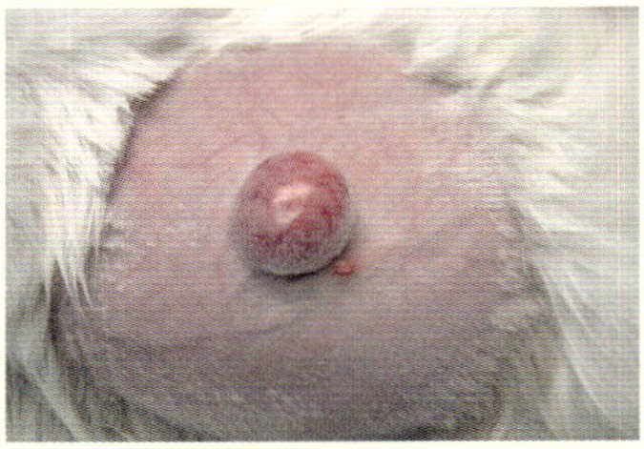

la mamelle qui devient volumineuse, indurée et douloureuse. Les facteurs prédisposants sont une mauvaise hygiène, une forte lactation, une portée nombreuse, un sevrage brutal, une grossesse nerveuse, des blessures des mamelles. Les germes les plus fréquemment mis en cause sont les staphylocoques, les streptocoques et les pasteurelles. Le traitement peut nécessiter une chirurgie.

• Les affections de l'appareil génital mâle

Les inflammations des testicules appelées orchites sont assez rares chez le lapin. On rencontre plus fréquemment des traumatismes suite à des combats et des tumeurs tes-

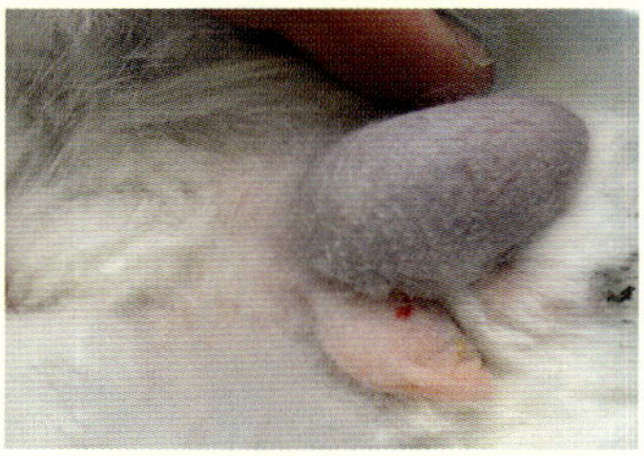

ticulaires. Celles-ci se traduisent généralement par une augmentation conséquente de la taille d'un testicule souvent associée à une diminution de taille du second. Le traitement repose sur la chirurgie. Il arrive parfois que le pénis soit endommagé par un calcul urinaire bloqué à sa base. Une chirurgie en urgence vise à extraire le calcul. Dans certains cas, l'ablation du pénis peut s'avérer nécessaire.

Les maladies des yeux

• La conjonctivite

Cette inflammation de la conjonctive (intérieur des paupières) peut être due à une irritation ou à une blessure de l'œil, ou à un germe (pasteurelle, staphylocoque, virus de la myxomatose). Les facteurs prédisposants de l'environnement sont les mêmes que ceux des maladies respiratoires (voir page 103). Il arrive qu'elle soit provoquée par une infection respiratoire ou dentaire.
Le traitement repose sur l'administration de collyre ou de pommade ophtalmique, voire d'antibiotiques par voie orale. N'utilisez jamais ces produits sans avis médical, car un traitement inadapté peut être dangereux pour votre lapin.

• L'œil qui coule

Un larmoiement de l'œil (on parle d'épiphora) est dû à

Le saviez-vous ?

Certaines maladies oculaires graves (abcès, tumeurs, traumatisme important…) peuvent conduire le vétérinaire à vous proposer l'ablation du globe oculaire. Un lapin de compagnie peut s'accoutumer à la vue avec un seul œil. Son champ de vision sera réduit, mais il s'adaptera rapidement. Une fois l'œil retiré, le chirurgien referme les paupières du lapin pour que la cavité orbitaire ne reste pas ouverte.

une production excessive de larmes, par exemple lors de conjonctivite, ou à un défaut d'écoulement dans les conduits lacrymaux. Une dermite sur le coin interne des yeux y est souvent associée. Pour contrôler le bon écoulement lacrymal, le vétérinaire instille une goutte d'un collyre coloré dans l'œil et attend de voir s'il s'écoule bien

dans les narines. En cas de souillure importante en avant de l'œil et de dermite, il vous proposera de tondre la portion en avant de l'œil, ce qui vous permettra de la sécher plus facilement.
Le conduit lacrymal peut être bouché par des sécrétions purulentes peu fluides ou par une inflammation de sa paroi. Il arrive aussi qu'il soit comprimé par un abcès dentaire. Dans le premier cas, il est possible, sous anesthésie rapide, de déboucher les conduits en y introduisant une petite sonde pour envoyer du liquide sous pression qui poussera les sécrétions hors du conduit lacrymal. Dans le second cas, la déformation du conduit lacrymal peut être irréversible même en cas de traitement chirurgical de l'abcès dentaire qui ne corrige pas la déformation osseuse. Consultez rapidement en cas de larmoiement, car en cas d'atteinte importante ou chronique, le conduit lacrymal peut se cicatriser et rester irréversiblement bouché.

L'ulcère de la cornée

Cette plaie à la surface de l'œil peut être due à une blessure (paille, choc, griffure…) ou résulter d'une complication d'une conjonctivite. L'ulcère se traduit par une opacité de la cornée et une douleur importante.

La cataracte

Cette opacification du cristallin peut être congénitale, liée à l'âge ou secondaire à une inflammation de l'intérieur de l'œil. Cette dernière, nommée uvéite, est généralement d'origine bactérienne (pasteurellose) ou parasitaire (encephalitozoonose). La cataracte est peu invalidante pour le lapin de compagnie qui compensera l'altération de sa vision par une ouïe et un odorat très développés. Le traitement chirurgical n'est pour cela généralement pas réalisé chez le lapin.

Les abcès touchant l'œil

Un abcès touchant l'œil est toujours grave. Il peut se situer dans l'œil et être la résultante d'une infection bactérienne ou parasitaire (encéphalitozoonose), ou se placer derrière celui-ci, dans la cavité orbitaire. Il résulte alors d'une infection dentaire

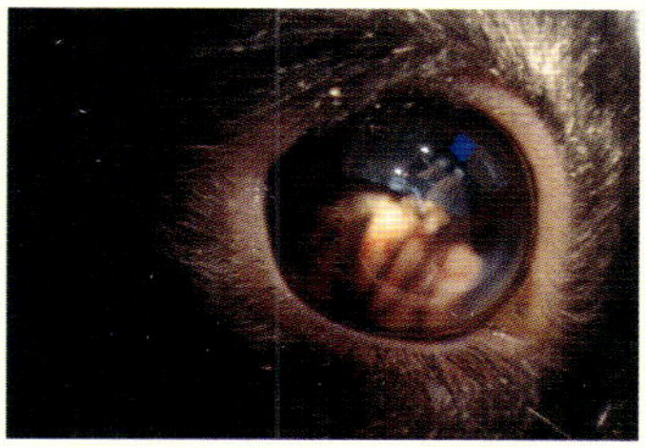

et repousse l'œil vers l'avant (on parle d'exophtalmie). Dans les cas extrêmes, l'œil peut se luxer et sortir de sa cavité. L'œil atteint est souvent perdu et une exérèse chirurgicale est nécessaire.

Le glaucome

Cette augmentation de taille du globe oculaire est due à une pression intraoculaire anormalement élevée. Généralement indolore chez le lapin contrairement à l'homme, le glaucome peut être congénital chez le lapin New Zealand chez lequel il s'associe aussi à des troubles de la reproduction (portées de taille réduite, mortalité des nouveau-nés). Le traitement consiste en l'instillation de collyres adaptés.

Les maladies des oreilles

• L'otite externe et moyenne

Elle correspond à une inflammation du pavillon de l'oreille et du conduit auditif, à la suite d'une morsure ou d'une blessure, par exemple. L'affection la plus fréquente est la gale des oreilles due à un acarien (*Psoroptes cuniculi*) et contagieuse. Le lapin secoue la tête, porte parfois l'oreille basse, se gratte et présente des croûtes jaunes à marron dans le conduit auditif et les pavillons de l'oreille.
Le diagnostic est confirmé par l'observation au microscope des parasites, après réalisation d'un prélèvement. Le traitement repose sur l'administration d'un antibiotique ou d'un antiparasitaire selon le cas, auquel on ajoutera un antalgique pour atténuer la douleur.

• L'otite interne

Cette inflammation de l'oreille interne est due à une infection bactérienne (souvent *Pasteurella*) et parasitaire (encéphalitozoonose) et peut être une complication d'une otite externe. Le lapin penche la tête et perd parfois l'équilibre. Ce « torticolis » n'est pas dû à une contraction des muscles du cou, mais à une atteinte du centre de l'équilibre situé près de l'oreille atteinte. À un stade avancé, l'animal est incapable de se tenir sur ses quatre pattes ou de se déplacer. Ces conséquences, très graves, sont parfois irréversibles, et justifient alors l'euthanasie du pauvre animal.
Un traitement doit être instauré le plus rapidement possible et votre vétérinaire vous proposera divers examens complémentaires pour affiner le diagnostic (radiographie, scanner, analyse bactériologique, sérologie pour la recherche de parasite). On observe parfois associée à cette otite interne une paralysie faciale du côté vers lequel le lapin penche la tête. Le lapin ne peut alors plus cligner des paupières, exposant l'œil à un assèchement rapide et des ulcérations qu'il faudra prévenir par l'instillation de larmes artificielles.

Les maladies neurologiques

Outre l'otite interne et les cas de fractures vertébrales (voir ci-contre et p. 100), le lapin peut développer de nombreux troubles neurologiques : tumeur dans le cerveau ou la moelle épinière primitive ou métastase d'une autre tumeur, méningite, abcès, hématome ou inflammation contre le cerveau ou la moelle épinière suite à un choc. Des maladies plus générales peuvent s'exprimer par une atteinte neurologique (coup de chaleur, insuffisances rénale, hépatique ou cardiaque à un stade avancé, intoxication, hypoglycémie, hypocalcémie). Les symptômes sont variés et vont de la simple perte d'équilibre à la crise convulsive. Ces signes doivent vous orienter vers une consultation en urgence. Le diagnostic est parfois difficile à poser et peut nécessiter des examens complémentaires tels que la sérologie pour la recherche de parasite ou le scanner cérébral.
Un cas particulier à l'évolution insidieuse est l'infection parasitaire à *Encephalitozoon cuniculi*, maladie dénommée encéphalitozoonose. Le parasite se transmet entre lapins via les urines et entre la mère et ses fœtus. Il peut engendrer des troubles neurologiques, rénaux et oculaires. Le dépistage de la maladie est possible grâce à un test sérologique. Un traitement antiparasitaire devra être instauré pour tenter de tuer le parasite.

Adresses utiles et bibliographie

Fédération Française de Cuniculiculture (FFC)
28, rue du Rocher - 75008 Paris.

Clubs et associations d'éleveurs

Lapins Nains
Union Nationale des Éleveurs-Sélectionneurs de Lapins Nains (UNESLN)
73, rue de Didenheim - 68200 Mulhouse.

Rex
Association Française des Éleveurs de Rex
13, rue de la Moselle - 57100 Manom.

Satin
Satin Club Français
9, rue de Verdun - 54800 Hartrize.

Quelques sites Internet

http://www.ffc.asso.fr/
Site de la Fédération Française de Cuniculiculture ; avec une excellente présentation de toutes les races de lapins.

http://www.margueritecie.com
Site proposant de nombreuses informations sur le lapin et un forum de discussion.

http://www.medirabbit.com/
Site consacré aux maladies, surtout destiné aux vétérinaires.

Bibliographie

Atlas d'anatomie du lapin, ostéologie
Barone R. *et al.*, Éd. Masson et compagnie, 1973.

Understanding normal behavior
Bradley T., Rabbits, Exotic DVM, vol 2.1, 2000.

Medical implications of selected abnormal behaviors
Bradley T., Rabbits, Exotic DVM, vol 2.4, 2000.

Rabbit and rodent dentistry handbook
Capello V., Éd. ZEN, 2005.

Standard officiel des Lapins de Race
Fédération Française de Cuniculiculture, Éd. FFC, 2000.

Manual of rabbit medicine & surgery
Flecknell P., Éd. BSAVA, 2000.

BSAVA manual of exotic pets
Meredith A. et Redrobe S., 4e édition, Éd. BSAVA, 2002.

Clinical anatomy and physiology of exotic species
O'Malley B., Éd. E. Saunders, 2005.

Ferrets, Rabbits, and Rodents : clinical medicine and surgery
Quesenberry K.E. et Carpenter J.W., 2e édition, Éd. WB Saunders, 2012.

Radiology of rodents, rabbits and ferrets
Silverman S. et Tell L., Éd. Elsevier Mosby, 2005.

Le Lapin
Tremblay M., Éd. Le Jour, 1999.

Index

Remerciements

L'auteur tient à remercier chaleureusement le Docteur vétérinaire Laetitia Barlerin et les Éditions Rustica pour la confiance qu'elles lui ont accordé, Frédérique Chavance et le Docteur vétérinaire Marie Bourdet pour leur aide précieuse, ainsi que tous ses clients et petits patients qui lui font apprécier ce merveilleux métier jour après jour.

Crédits photographiques

Biosphoto
Fabrice Cahez : pp. 6-7, 11 ; **Jean-Luc Guet :** p. 8 ; **Philippe Rocher :** pp. 14, 47 ; **Francisco Marquez :** p. 15 ; **Michel Gunther :** pp. 16, 33, 53 ; **Cyril Ruoso :** pp. 17, 76-77 ; **J.-L. Klein et M.-L. Hubert :** pp. 18-19, 22, 28-29, 40-41, 54, 71 ; **Claudius Thiriet :** pp. 30, 42, 103 h, 103 m, 103 b ; **Rémy Courseaux :** p. 44 ; **Frédérique Bidault :** pp. 55, 88-89 ; **John S. Sutton/Green Eye :** p. 68 ; **Régis Cavignaux :** p. 83 ; **Sylvain Cordier :** p. 86 ; **Erwan Balança :** p. 92.

Arioko
Labat/Rouquette : pp. 25, 36, 80 ; **Dufresne :** p. 39 ; **Damman :** pp. 46, 91 ; **Français :** pp. 24, 49, 56 ; **Rocher :** p. 66.

Photo12
Tierfotoagentur/Alamy : pp. 58-59.

Getty Images
Utah-based Photographer Ryan Houston : p. 97.

Tiphaine Zanutto : p. 23.

Christophe Bulliot : pp. 34 g, 34 d, 35 g, 35 d, 51 hg, 51 hd, 51 bg, 51 bd, 52 g, 52 d, 64 g, 64 m, 64 d, 78 g, 78 d, 99 g, 99 h, 99 bd, 101, 102, 103, 104, 106 h, 106 b, 107 g, 107 d, 108.

Photo 1re de couverture : Damman/Arioko.
Photos du logo (1re de couverture, dos et 4e de couverture) : Français/Cogis (hg, bg) ; Hermeline/Cogis (hg, bg) ; Varin/Cogis (bd).
Photo du rabat : Christophe Bulliot.

Illustrations
Valérie Coeugniet.

Direction éditoriale : Élisabeth Pegeon.
Suivi éditorial : Frédérique Chavance.
Direction artistique : Laurent Quellet.
Création graphique : Sarbacane Design.
Mise en pages : Véronique Sommeilly/S Puissance 3.
Fabrication : Anne Floutier.
Photogravure : IGS.

N° d'éditeur : 49730 (F 13006)

Achevé d'imprimer en décembre 2012 par PP-F (Slovénie).